R. DE CRÈVECŒUR

UN DOCUMENT·NOUVEAU

SUR LA SUCCESSION

DES

CONCINI

PARIS

HONORÉ CHAMPION, LIBRAIRE

9 — Quai Voltaire — 9

1891

LA SUCCESSION

DES

CONCINI

a

R. DE CRÈVECŒUR

UN DOCUMENT NOUVEAU

SUR LA SUCCESSION

DES

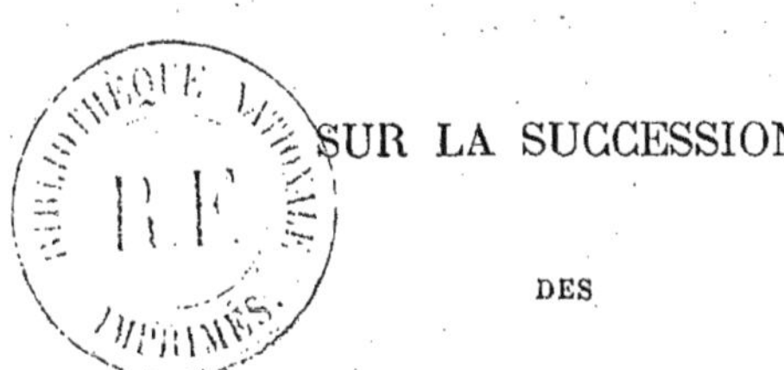

CONCINI

PARIS

HONORÉ CHAMPION, LIBRAIRE

9 — Quai Voltaire — 9

1891

LA SUCCESSION DES CONCINI

On a, et non sans succès, cherché à montrer sous une face nouvelle le rôle du connétable de Luynes (1). Pour Concini la tâche semble plus difficile. Le maréchal d'Ancre et sa femme n'étaient certes pas les monstres que nous représentent les anciens pamphlets; gens de mœurs assez douces, ils possédaient quelques qualités privées. Mais ils ne furent, on doit le reconnaître, que des ambitieux vulgaires, indignes de la situation prépondérante que leur avait créée l'aveugle faiblesse de la Régente. Aussi, juqu'à présent, n'a-t'on pas tenté d'étudier d'une façon spéciale l'action politique de ces aventuriers (2). Leur fin tragique, au contraire, a toujours passé pour un fait historique important et a été l'objet de nombreux écrits.

Le document reproduit plus loin jette un jour nouveau

(1) M. Cousin, dans ses remarquables articles du *Journal des savants* (1861-1863) et plus récemment M. Berthold Zeller, dans un très intéressant ouvrage intitulé : *Le Connétable de Luynes* (1879).

(2) M. Pouy (*Concini, maréchal d'Ancre ; son gouvernement en Picardie*, 1885) a pourtant essayé, sinon de réhabiliter Concini, au moins de montrer l'exagération d'une partie des accusations portées contre lui; mais, tout en donnant des éclaircissements nouveaux et souvent pleins d'intérêt, l'auteur, il nous permettra de le dire, s'est parfois laissé entraîner à un excès d'indulgence. Ce n'est pas un panégyrique; mais, de temps à autre, c'est un plaidoyer. Son étude, très consciencieuse d'ailleurs, sera consultée avec fruit par tous ceux qui s'occupent du maréchal d'Ancre.

sur quelques particularités de cet étrange coup d'état, sur le procès intenté à la maréchale et surtout sur le partage des richesses considérables accumulées par l'avidité des favoris ; il me paraît, à ce titre, mériter l'attention des érudits. Mais, avant de l'étudier en détail, il ne sera pas inutile de dire quelques mots sur le meurtre de Concini et sur les mesures qui le suivirent. Je n'ai nullement l'intention de refaire ici une relation écrite déjà tant de fois. Je voudrais seulement signaler certains points qui ne semblent pas suffisamment élucidés et quelques documents inédits ou peu connus.

** **

Les mémoires et les écrits du temps s'accordent en général à reconnaître que le jeune Roi fut mis au courant des projets de Luynes et que, s'il ne donna pas précisément l'ordre de tuer Concini, il entrevit du moins cette éventualité avec plus ou moins de répugnance et s'engagea tacitement à couvrir ses amis de sa responsabilité.

Il en est qui vont plus loin. Ainsi, pour ne citer que les moins connus, le nonce Bentivoglio, dans sa dépêche du 25 avril 1617 (1), dit nettement que le Roi « finalmente s'è resoluto di farlo ammazzare ». Ce sont presque les mêmes termes qu'emploie Vittorio Siri (2). Les ambassadeurs vénitiens, de leur côté, écrivent le 24 avril (3) que le maréchal fut « a colpi di pistoletti miseramente ucciso, *si dice espressamente di ordine del re* ».

Un témoignage encore inédit vient à l'encontre de ces affirmations. Il est considérable, puisqu'il émane de Saint-Simon ; mais le duc, il ne faut pas l'oublier, professait une

(1) *Lettere diplomatiche di Guido Bentivoglio.* Turin, 1852, in-12. T. I, p. 103.

(2) *Memorie recondite.* T. IV, p. 50.

(3) Bibliot. nationale, Mss, *fonds italien.* 1771, f° 79 (copie).

véritable vénération pour la mémoire de Louis XIII, le bienfaiteur de sa famille, et il est certainement suspect de partialité. Quoi qu'il en soit, le passage est superbe et je regrette qu'il soit trop étendu pour le reproduire dans son entier. (1)

Saint-Simon peint d'abord dans son style inimitable l'état d'esprit du jeune Roi, réduit, même après sa majorité, à une humiliante sujétion. « Un soufflet reçu de la reine, sa « mère, pour avoir osé se plaindre de ce qu'on ne le lais- « soit point sortir pour se promener, estoit demeuré dans « son cœur ». Luynes était le seul homme qui l'approchât, en dehors de ses valets. C'était l' « unique et nécessaire « confident de la servitude de son maistre, et, par ce seul « coup, unique et nécessaire maistre des affaires et de « l'Estat, au moins pour se faire une haute fortune ». Ils discutent ensemble les moyens de faire tomber le favori et reconnaissent qu'un coup de force est seul praticable. Le Roi, d'après Saint-Simon, ne craignait qu'une chose, la mort du maréchal, « qui non seulement ne fut jamais « proposée, mais contre le danger de quoy M. de Luynes « persuada le Roy par tout l'art... d'un ambitieux et délié « courtisan... » et plus loin : « Sur le point de l'exécu- « tion, le Roy ne fut occupé que de la conservation de la « vie de ce perfide Italien qu'il envoya recommander en- « core sur touttes choses et aux despens de tout aux « exécuteurs, et il fut accablé de douleur et de regret à « l'instant qu'il ne put plus douter de l'inexécution de « ses ordres. »

Cette version, qui n'est pas d'un contemporain et à l'appui de laquelle Saint-Simon n'invoque aucun témoignage,

(1) Je dois cette intéressante communication à l'amité de M. le vicomte d'Elbenne, qui termine la publication de M. Faugères. On trouvera le passage au VIIIe vol. des *Écrits inédits de Saint-Simon*, en ce moment sous presse, p. 265 et suivantes.

n'a pas évidemment le caractère d'un document historique bien sérieux, mais elle est intéressante à connaître.

L'histoire du meurtre est partout (1) et les détails en sont bien connus. Ce fut un assassinat ignoble, digne plutôt des coupe-jarrets *di mila franchi* à la solde de Concini, que des familiers du Roi. Rien ne manqua pour en faire un véritable brigandage. Le cadavre encore chaud fut dépouillé de ses riches habits et de ses bijoux que les meurtriers se partagèrent (2). On ne négligea pas naturellement de fouiller les poches fort bien garnies du malheureux Concini.

Quelle fut l'attitude du jeune Roi à la nouvelle du meurtre ? Saint-Simon est, je crois, le seul qui le représente « accablé de douleur ». En général, au contraire, on le peint comme exalté par le sentiment de sa délivrance. Ses regrets, s'il en éprouva, furent bien courts, mais il eut sur le champ conscience de la responsabilité qu'il avait encourue. Il couvre ses amis, il déclare qu'ils ont exécuté ses ordres, mais il veut s'entendre dire, non seulement qu'il a agi dans la plénitude de son droit, mais encore qu'il en a usé pour le bien de l'État. Peut-être même craint-il, lui

(1) Il faut ajouter aux récits déjà connus, celui de Boucher de Guilleville, échevin d'Orléans, publié par M. Doinel, archiviste du Loiret (Orléans, 1883. 8º). Guilleville était dans la cour du Louvre au moment de l'événement et il le raconte dans une lettre écrite au maire et aux échevins d'Orléans. Il ne note aucune circonstance qui ne soit consignée dans les autres narrations.

(2) M. Pouy parle (p. 92) d'une très belle épée ayant appartenu au maréchal d'Ancre et qui a fait partie de la collection Double. « Cette arme, « dit-il, n'a pas été décrite dans les inventaires dressés au Louvre après « la mort du maréchal. » On pourrait répondre que les inventaires ne contiennent pas un seul article se rapportant aux meubles ou effets de Concini ; mais voici ce qu'on lit dans la *Relation de ce qui s'est passé à la mort du maréchal d'Ancre* (à la suite de l'*Histoire des plus illustres favoris*) : « Sarroque donna un coup d'espée dans le flanc... Sarroque emporta l'espée (de Concini) au Roy qui la luy donna. »

naguère tremblant devant sa mère, qu'on persiste à le traiter en enfant et que l'on méconnaisse son autorité.

Cet état d'esprit est bien accusé, ce me semble, par un document qui n'a pas encore été utilisé, les registres du Conseil secret du Parlement. Le procès-verbal du 24 avril (1) est d'un haut intérêt. Qu'on en juge.

La Cour est tout d'abord informée de l'événement par l'avocat du Roi, Servin (2). Celui-ci, avisé de la mort du maréchal, s'était rendu au Louvre et il avait appris de la bouche même de Vitry « ce qui luy avoit esté commandé « par le Roy et les particularités de ce qui s'estoit passé « en exécutant ses volontés. » Puis il avait vu le Roi qui était dans la galerie et fort entouré. « Le dict seigneur luy « auroit dict en paroles meslées de larmes et d'allégresse : « *Je suis Roy maintenant, je suis vostre Roy, mais je le suis* « *et seray, Dieu aydant, plus que jamais. Vous direz à ma* « *cour de parlement que Conchine a esté tué, ayant résisté* « *à ceux à qui j'avois commandé de l'arrester. Dictes à mon* « *parlement que ce méchant a voulu attenter à ma personne* « *et entrepris sur mon Estat. Allez donc dire que ma cour* « *de parlement s'assemble promptement et qu'elle me vienne* « *trouver plus tôt que plus tard pour me donner advis sur* « *ce qui me reste à faire en suite de ce qui s'est faict par* « *mon commandement* ». Après s'être acquitté de sa commission auprès de la Cour, Servin s'était retiré. Le premier président, Nicolas de Verdun, fît alors connaître que dans la matinée, il avait reçu coup sur coup quatre envoyés du Roi, le lieutenant des gardes Réau, puis Persin, le S^r de

(1) Voyez Biblioth. nat., Mss, *Collection du parlement*, vol. 127, et aussi *Fonds français*, vol. 584. Les registres secrets de cette époque manquent aux Archives nationales.

(2) Servin était fort opposé à Concini. On lui attribue la première des harangues satiriques réunies dans le vol. 501 de la *Collection Dupuy* (Bibl. nat., Mss).

Préau et enfin le colonel d'Ornano, qui l'avaient invité à se transporter près du Roi. M. de Verdun s'était rendu au Louvre avec sa robe rouge ; il avait trouvé le Roi, entouré de plus de trois cents gentilshommes, qui lui dit « en pa-« rolles nettes et sans héziter (on remarquera que ce n'est déjà plus l'émotion du premier moment, telle que Servin l'avait dépeinte) : « *Monsieur le premier président, je* « *scay bien que mon parlement m'a toujours bien aymé et* « *affectionné mon service. Aujŏurd'huy je suis Roy. Je vous* « *l'ay voulu dire affin de le dire à mon parlement. Je vous* « *prie qu'il me serve bien. Je luy seray tousjours bon* « *Roy*, repétant ces paroles sans luy faire aucun comman-« dement. »

Pendant que M. de Verdun faisait cette communication à la compagnie, il fut appelé au greffe où l'attendait un valet de chambre du Roi qui venait inviter le Parlement à se rendre au Louvre en petit nombre. — C'était, depuis le matin, le sixième messager. — Une députation partit sur le champ avec le premier président et les gens du Roi. A leur retour, le parlement, resté en permanence, fut informé par Verdun de ce qui s'était passé dans l'entrevue. Le Roi avait fait un petit discours à peu près pareil à celui qu'on vient de lire, puis il avait voulu que chaque membre de la députation vint le saluer à son tour et il avait répété « avec un « visage de bienveillance et d'allégresse : *Servez moy bien,* « *je vous seray bon Roy.* » Enfin il les avait invités à se rendre au cabinet des livres où se trouvaient Châteauneuf, Villeroy, le président Jeannin, Pontcarré, de Gesvres et d'autres personnages importants. Là on avait agité la question de savoir « s'il estoit à propos de faire le procès au « corps mort » où « si le Roy devait faire une déclaration « que, sur l'advis qu'il avoit eu des entreprises du deffunt « sur sa personne et son Estat, il avoit commandé de « s'en saisir, mais qu'ayant résisté l'on avoit été contrainct,

« pour faire que la force demeurast au Roy, de le tuer, et
« envoyer cette déclaration à la Cour et en tous les austres
« parlemens, ainsy qu'il avoit esté escript par les lettres de
« cachet envoyées aux gouverneurs et lieutenans des
« provinces (1), sur quoy eulx deputés et gens du Roy,
« s'estant tirés à part et conferé, auroient advisé que le
« Roy n'est tenu de justiffier son action, et *que la personne*
« *du deffunct n'estoit de considération* pour en faire d'autre
« déclaration que par une lettre de cachet, ce qui a esté
« trouvé estre bon et résolu estre faict. »

On commença donc par faire signer au Roi une déclaration qui fut datée du 29 avril et que le parlement enre-
gistra le 20 mai (2), mais on se décida bientôt à ordonner
le procès. Des causes multiples, avouables ou non,
motivèrent cette détermination. On reconnut tout d'abord
qu'il était bon que le meurtre ne put paraître uniquement
un acte de bon plaisir, mais l'exécution brusque, il est vrai,
et anticipée, mais légitime, d'un criminel avéré. Puis on
avait devant soi la maréchale, seul auteur de l'élévation
de son mari, auteur aussi presqu'unique des manœuvres
de toutes sortes qui avaient constitué la fortune scanda-
leuse du ménage. Son sexe l'avait préservée de l'assassinat,
mais ne la préservait pas d'un procès criminel.

En outre, elle était la maîtresse de la fortune ; sauf les
valeurs trouvées sur son mari, tout était sous son nom, et
la confiscation, impatiemment attendue par les nouveaux
favoris, ne pouvait être prononcée qu'après une condamnation capitale (3). Enfin un motif, d'un ordre tout différent et qui est fort singulier, est consigné dans les lettres
des ambassadeurs vénitiens. D'après eux, on désirait que

(1) Ç'avait été la première mesure prise.
(2) Registre des ordonnances de Louis XIII, ZZ, f° 383.
(3) Voyez notamment sur ce point les *Memorie recondite* de V. Siri.
T. IV, p. 69.

Léonora fut convaincue de sorcellerie pour pouvoir affirmer que son influence extraordinaire sur la régente n'était due qu'à la magie (violenza di fattuchierie) (1). Je doute, par parenthèse, que Luynes, qui menait toute l'affaire, prit autant à cœur la réputation de Marie de Médicis.

Ce fut le 9 Mai que le Roi signa les lettres patentes ordonnant de procéder « contre le dit feu maréchal et sa « mémoire, ensemble contre sa dite femme.... leur estre « faict et parfaict leur procès criminel et extraordinaire, « ensemble à tous ceulx qui se trouveront coupables ou « participans des mêmes crimes ». Le parlement, en entérinant ces lettres, désigna ceux de ses membres qui devaient procéder à l'instruction.

Mais il est nécessaire de revenir un peu sur nos pas.

On a vu que le corps du maréchal avait été dépouillé comme par une bande de brigands. On avait aussi pillé, autant qu'on l'avait pu, tout ce qui appartenait à lui ou à sa femme, véritable curée dont nous avons de nombreux récits. Après deux jours seulement on songea à prendre quelques mesures conservatoires. Le 26 avril, le Roi donna commission aux maîtres des requêtes Robert et Jean Aubery et Lebailleul (on leur adjoignit plus tard Gilles Maupeou et Isaac Arnauld) « de se transporter en toutes « les maisons qui leur seroient indiquées où les deniers « pierreries et autres choses appartenans au feu maréchal « et sa femme auroient été mis transportés et icelles saisir « et arrester entre les mains de qui que ce soit ». On a conservé les très intéressants procès-verbaux de ces commissaires (2), qui ne se bornèrent pas à des perquisitions

---

(1) *Fonds italien*, volume cité, f° 92.

(2) Bibl. nation., Mss *500 Colbert*, vol. 221. Ce volume contient en copies ou en originaux, non seulement ces procès-verbaux, mais aussi ceux des commissaires du parlement. Il est bien connu, mais jusqu'ici il n'a pas été analysé avec un soin suffisant. M. Doinel, dans une brochure

et des inventaires mais se livrèrent aussi à de nombreux interrogatoires.

Le jour même de leur nomination, le 26 Avril, ils se transportent dans le logement de la maréchale au Louvre (1) ; ils y rencontrent un exempt des gardes du corps et deux archers, qui s'y trouvaient probablement depuis l'arrestation de Léonora ; car, là du moins, s'il y avait eu pillage de tout ce qui était portatif et facile à dissimuler, on avait dû respecter les meubles et les coffres. Ne voyant pas de péril en la demeure, les commissaires se retirent et, le même jour, ils font l'inventaire des papiers trouvés dans les vêtements de Concini. Le procès verbal est curieux (2) : « Nous... avons ce jourdhuy, par commande-« ment de Sa Majesté, receu du s. de la Rivière, exempt « des gardes de la prevosté de l'hostel, et de Gabriel « Cotarde, archer de la dite prevosté un paquet cachetté, « de cire d'Espagne dans lequel les dits La Rivière et « Cotarde ont dit avoir mis plusieurs papiers qu'ils avoient « pris dans les pochettes du maréchal d'Ancre le XXIIII⁰ « de ce mois, quelque temps après qu'il fut despouillé de « la pluspart de ses habitz par ceux qui s'estoient rencon-« trez plus pres de luy... ».

Il paraît que Concini avait l'habitude de porter dans les poches de ses hauts-de-chausses ses papiers les plus précieux, enfermés dans de petits paquets cachetés ; quand il avait besoin de l'un d'eux, il ouvrait le paquet et le refermait sur le champ (3). D'après l'inventaire, les obli-

cité plus haut, manifestait l'intention de faire une étude à ce sujet, mais il ne nous a pas encore donné ce travail, qui ne saurait manquer d'être très intéressant.

(1) *Colbert,* vol. ci-dessus, f⁰ 3.

(2) *Ibid.,* f⁰ 30.

(3) *Relation de ce qui s'est passé à la mort du maréchal d'Ancre.* Collection Michaud et Poujoulat, p. 457. Voyez aussi les *Mémoires de Pontchar-train,* ibid., p. 387.

gations, lettres de change et promesses que le maréchal avait ainsi sur lui atteignaient un total de près de 1,930,000 livres, presque huit millions de nos jours. C'était tout son avoir personnel, avec les bijoux d'une valeur considérable qui se trouvaient à sa maison près du Louvre et qui furent en partie pillés. Tout le reste était sous le nom de sa femme.

Les commissaires ne chômaient pas. Le même jour deux d'entre eux se présentent chez le banquier Lumague qui est détenteur de plus de 200,000 livres appartenant à Léonora et ils mettent les scellés qu'ils viennent lever le lendemain. D'autres banquiers, les frères Camus, chez lesquels on ne fit perquisition que le 2 mai, devaient aussi à la maréchale une somme importante (1).

Restaient les bijoux, l'argenterie, les meubles, qui dans ce temps formaient une partie importante de l'avoir des grands personnages, mais presque tout avait été pillé ou du moins avait disparu aussitôt après le meurtre. Qu'on en juge par le procès verbal du 28 Avril (2). Les commissaires s'étaient transportés à la petite maison de Concini, celle qui touchait au Louvre. Ils y trouvèrent le concierge et trois autres personnes qui leur dirent que, le jour de la mort du maréchal, le 23 avril, un exempt des gardes et et huit archers s'étaient installés dans la maison et n'en étaient sortis que le 27. Ils avaient déménagé tous les coffres et meubles formant, d'après les témoins, la charge de douze mulets et de deux chariots.

(1) Nous reviendrons plus loin sur ces créances. Notons seulement ici que l'obligation souscrite par Camus à la maréchale avait été soustraite. Il fit connaître aux commissaires qu'elle lui avait été représentée le 27 avril par un inconnu qui lui avait offert de s'en dessaisir moyennant paiement de la moitié de la valeur. Camus s'y était refusé. — Encore une nouvelle preuve de pillage, et de pillage, dans l'intérieur même du Louvre.

(2) *Colbert*, vol. cité f° 3.

Les malheureux commissaires, à qui l'on avait assuré qu'il y avait de l'argent caché, cherchèrent partout et ils firent même défoncer par des maçons une vieille tour attenante à la maison, près de l'arche d'Autriche. On y trouva des écrins, mais l'argenterie qu'ils avaient contenu avait disparu.

Outre cette maison, le ménage Concini possédait rue de Tournon un magnifique hôtel. Il avait été déjà pillé par la populace en 1616, mais il avait été réparé et très probablement remeublé. On ne voit pas que les commissaires s'y soient transportés; là aussi quelqu'escouade d'archers avait dû faire maison nette (1).

Au Louvre, comme on l'a dit, le logement de la maréchale avait été relativement respecté. Le 28 avril (2) on avait fait le relevé des papiers fort peu nombreux et qui n'étaient guère que des titres de propriété. Il est bien certain pourtant que, comme son mari, Léonora devait avoir en sa possession des promesses et mandats pour une somme considérable. Rien cependant ne figure dans l'inventaire et c'est par hasard que nous avons trouvé dans un arrêt du Conseil des finances du 20 mars 1618 (3) la mention d'une inscription de 300,000 livres sur le receveur général des finances de Rouen. Il devait y en avoir bien d'autres, mais il y a lieu de croire que tous les bons payables sur les caisses publiques, quelle qu'en fût l'origine, furent immédiatement confisqués. On n'en voit pas figurer

(1) C'est évidemment par erreur que Tallemant des Réaux, dans l'Historiette du Maréchal d'Ancre (édition P. Paris, I, p. 199) dit que l'on trouva dans l'hôtel de la rue de Tournon pour 200,000 écus de pierreries. Léonora, dans un de ses interrogatoires (vol. cité f° 326), dit que ni elle, ni son mari n'avaient habité cet hôtel depuis 3 ou 4 ans. Ils y avaient passé seulement quelques jours en 1616.

(2) *Colbert*, fol. 6.

(3) Bibl. nat., Mss fr. 18,193. La rescription, datée du 29 octobre 1616, était signée par Morand, trésorier de l'épargne.

un seule dans l'arrêt reproduit plus loin, sauf une créance sur Feydeau, trésorier des pensions, dont on n'indique pas le montant et qui est mentionnée parce que les créanciers de la succession avaient mis opposition au paiement (1).

Ce fut seulement le 8 mai que l'on procéda au récolement des meubles garnissant le logement du Louvre, laissés jusqu'alors à la garde d'un exempt et de deux archers. D'après un ordre du Roi, on devait faire l'inventaire, mettre les scellés et en confier la garde à deux bourgeois solvables. Avant l'opération, un valet de chambre du Roi, qui était en même temps l'orfèvre le plus employé par la Cour, Nicolas Roger, donna aux commissaires la liste des vêtements, étoffes et bijoux appartenant à la Reine mère, qui devaient se trouver dans les coffres de sa dame d'atours. Puis, le valet de chambre faisant place à l'orfèvre, il fournit le relevé de ce qui lui étoit dû personnellement par la maréchale.

Enfin on se mit en mesure de procéder à l'inventaire. Alors survint un incident curieux. Les gardiens déclarèrent s'être payés par leurs mains et voici le certificat qu'ils remirent aux commissaires et qui mérite d'être reproduit :

« Nous soub[és], ayant eu commandement de garder les
« meubles qui estoient dans la chambre de la mareschalle
« dans le chateau du Louvre, Certiffions que nous avons
« retenu et emporté des dites chambres deux tentures de
« tapisseries de haulte lisse, lune contenant six pieces et
« une petite sur la cheminee et laultre contenant huit
« pieces et une petite sur la cheminee, ensemble le cabinet
« de bois d'Inde avec le pied du mesme bois. Lesquelles
« hardes nous pretendons nous appartenir à cause de la

(1) Elle appartenait en propre à Concini, comme on le verra.

« garde des dits meubles. Fait à Paris le VIII° jour de
« May 1617. Signé : La Roche, Degalteau et Bitart » (1).

L'inventaire, quoique ne donnant que des détails assez
succincts, offrirait aux amateurs quelques indications intéressantes. Les quatre premiers coffres étaient remplis
d'objets d'or et d'argent et de bijoux ; treize autres conte-
naient des vêtements, des tapisseries, des tentures ; un
autre du linge. Sous la cote 20° est décrit un cabinet
d'Allemagne. Les tapisseries prélevées par les gardiens
ne sont pas naturellement comprises dans la liste, où l'on
trouve seulement des tapisseries communes, un grand
tapis servant de portière et trois tapis turcs.

Les commissaires du Roi continuèrent à instrumenter
jusque vers le 17 mai et firent une sorte d'instruction pré-
paratoire, sans doute dans le but de s'assurer que l'on
trouverait assez de témoignages pour donner une base
suffisante à l'accusation.

Le procès, comme on l'a vu, fut ordonné par les lettres
patentes du 9 mai et les conseillers chargés de l'enquête
commencèrent immédiatement leur travail (2). Ils enten-
dirent de nombreux témoins et firent subir une vraie tor-
ture morale à l'infortunée Léonora qu'on ne laissa pas
respirer un moment. Quoique malade et nerveuse, elle
montra beaucoup de fermeté et de présence d'esprit, et
c'est à peine si deux ou trois fois elle faiblit un moment
et donna des signes d'émotion (3).

Je ne m'étendrai pas sur cette longue procédure qui
mériterait pourtant une étude approfondie (4). Je me bor-

(1) *Colbert*, vol. cité f° 8.

(2) Les procès-verbaux se trouvent dans le vol. précité des *500
Colbert*.

(3) Notamment dans les interrogatoires des 5 et 14 juin (f°⁰ 229, 233 v°
et 318).

(4) Vittorio Siri paraît être le seul des historiens anciens qui ait com-
pulsé ces interrogatoires. Il les a analysés en partie. Ce travail semble

nerai à indiquer plus loin, dans les notes de l'arrêt de 1618, ce qui concerne les créanciers de la succession.

Je parlerai maintenant du jugement et de l'exécution, ne m'arrêtant, comme je l'ai fait jusqu'ici, qu'aux détails qui me paraissent peu connus.

Le procès avait été poussé avec tant d'activité que le cours de la justice avait été un moment suspendu (1). Malgré tout cet appareil, la sentence était connue d'avance et, lorsqu'au dernier moment, on constata l'hésitation d'un grand nombre de conseillers, dont plusieurs se récusaient, on usa de tous les moyens, non pour assurer la condamnation qui était certaine, mais pour que le nombre des juges parut suffisant aux yeux du public. S'il faut en croire les ambassadeurs vénitiens, le Roi, qui voulait d'abord se tenir éloigné de Paris jusqu'après l'exécution, se crut forcé de revenir « per legitimare il parlamento (2) ». Ces ambassadeurs qui, depuis la mort de Concini, avaient, dans leurs dépêches, montré une véritable animosité contre sa veuve, ne peuvent s'empêcher, en faisant le récit de la journée suprême, de rendre hommage au courage de la maréchale. Ils racontent comment la malheureuse femme, qui avait espéré jusqu'au dernier moment, montra d'abord une grande émotion à la lecture

avoir amené dans son opinion un changement qu'il est bon de signaler. Il s'accuse d'avoir, dans son *Mercure*, suivi le récit des auteurs hostiles aux Concini, mais il reconnaît qu'il y a « fama generale, uniforme, cos- « tante e propitia alla memoria del maresciallo d'Ancre ch'egli era un « galant-uomo di saldo giudicio, di cuore generoso, liberale profuso, etc., « etc. » (*Memorie recondite*, IV, p. 56.).

(1) *Registre secret du parlement* déjà cité. Il fut décidé le 26 juillet que, vu la longue discontinuation des audiences pendant l'assemblée des trois chambres pour la visitation et jugement du procès de la maréchale d'Ancre, les audiences publiques seraient continuées pendant le mois d'août.

(2) Mss déjà cité, fᵒ 231. Dépêche du 29 juin 1617. Tous les auteurs en paraissent pas d'accord sur ce retour du Roi.

de l'arrêt, mais sut bientôt se résigner. « Con intrepidezza
« d'animo e con non mostrare di temere la morte sino a
« solaio (1), ha fatto stupire ogn'uno di tanta franchezza ».
Ils admirent sa contenance vraiment virile pendant qu'on
la conduit au supplice ; ils peignent l'aspect de la foule
dont on avait redouté les violences, mais qui sembla plutôt
impressionnée par le courage de la victime. Ils ajoutent
une particularité qui ne paraît avoir été relevée par personne et qui concerne la reine mère. « Tiensi che ella sia
« per sentir con dispiacer grande l'essecutione della sen-
« tenza della maresciala ; perche, se bene aspettava che
« fosse sententiata a morte per assicurare la confiscatione
« de beni, credeva non dimeno che il Re permutasse la
« pena corporale in alcuna relegatione o confine, e per
« questo solo effetto, teneva a porta uno che, subito veduta
« la maresciala morta, parti a dargliene aviso. »

*
* *

L'arrêt du parlement est bien connu (2) et je n'ai à
l'étudier ici qu'en ce qui touche les biens des condamnés.
Il était ordonné que tous les biens féodaux tenus et
mouvants de la Couronne seraient réunis et incorporés au
domaine, et que les autres fiefs et les biens meubles et
immeubles seraient acquis et confiqués au Roi, après pré-
lèvement d'une amende de 48,000 livres parisis destinée
à des œuvres pies, et 24,000 livres attribuées à la veuve
de Prouville, assassiné à Amiens par l'ordre de Concini,
disait-on (3).

(1) Jusqu'à l'échafaud.
(2) Il a été imprimé plusieurs fois, mais avec quelques variantes et
quelques omissions. Le texte officiel est aux Archives Nationales X ² A
198, fᵒ 162 vᵒ et suivants.
(3) Il paraît prouvé, au contraire, que ce meurtre avait eu lieu sans
l'aveu du maréchal. Voyez à ce sujet Pouy, p. 61 et suivantes.

C'est le 8 juillet que fut rendu cet arrêt, immédiatement suivi de l'exécution de Léonora. Un mois après, le Roi signait des lettres patentes (1) qui faisaient don à Charles de Luynes de tous les biens de la maréchale, à la charge de payer les dettes et charges dont ils pouvaient être grevés. Il n'est nullement question des biens de Concini, et c'est une remarque qui a échappé à beaucoup d'historiens. Ils ont ignoré pour la plupart que presque toute la fortune du ménage, notamment les immeubles, était sous le nom de Léonora.

Il ne sera pas sans intérêt d'examiner ici quelle pouvait être cette fortune qui a donné lieu à des appréciations fort différentes (2).

Nous commencerons par les immeubles, au nombre de quatre : deux hôtels à Paris et deux terres, Ancre et Lésigny. Le petit hôtel, ordinairement habité par le maréchal, était de peu d'importance. Le terrain, comprenant 190 toises de superficie, touchait au Louvre et faisait le coin du quai et de la rue d'Autriche. Il avait été donné à Léonora en janvier 1612 (3) pour y bâtir une maison, à la charge de l'abattre lorsque le Louvre serait continué. La construction était certainement déjà commencée au moment de la concession, car, le 29 décembre de la même

(1) Comme beaucoup de lettres-patentes, celles-ci portent le mois et non pas le jour. Il en sera question dans les notes de l'arrêt. S'il faut en croire le *Dictionnaire d'Expilly* (au mot Albert), elles auraient été précédées d'un brevet daté du 3 août, qui portait donation des biens des deux époux. Je suis assez disposé à croire que ce brevet n'a jamais existé ; en tout cas, je ne le trouve mentionné nulle part.

(2) M. Pouy, notamment, l'évalue beaucoup trop bas (p. 79 et 84).

(3) Berty (*Topographie historique du vieux Paris*. Louvre, T. I, p. 8) auquel j'emprunte ce renseignement renvoie au carton Q. 1171-1172 des Archives nationales. On trouve dans l'inventaire des papiers de la maréchale (*500 Colbert*, vol. cité f° 6, v°) la mention suivante : « item, un pac-« quet d'un don faict à la d. dame d'une place à bâtir près le Louvre, avec-« qu'une boette de fer blanc y attachée. »

année, le Roi signait un brevet de jouissance. Disons tout de suite que l'arrêt de condamnation des Concini avait ordonné de raser cette maison, souvenir trop visible de la puissance d'un favori qui, pour être plus à la portée de sa royale maîtresse (1), avait pour ainsi dire accroché son logis aux murailles du vieux palais. Sauval affirme (2) que Luynes, logé dans la maison de son devancier (3) empêcha la démolition. Le bâtiment venait seulement de disparaître lorsque Tallemant des Réaux écrivait ses historiettes, c'est-à-dire vers 1656 ou 1658 (4). La valeur de cette construction, qui n'avait pas été achetée et qui ne fut pas vendue, est difficile à apprécier ; elle ne devait pas être bien considérable.

Passons maintenant à l'hôtel de la rue de Tournon, hôtel princier celui-là, et sur lequel nous sommes un peu mieux instruits. Il avait appartenu en 1543 à Louis de Lestoille, grand rapporteur de France ; un peu plus tard, on l'appela l'hôtel de Pecquigny, et, vers 1595, il était possédé par Charles du Plessis, seigneur de Liancourt, premier écuyer de la petite écurie. C'est de lui probablement que l'acquirent les époux Concini. On ignore quel prix ils le payèrent, mais quelques années plus tard, le 27 août 1621, Luynes le céda au Roi pour 185,625 livres (5) ; on

---

(1) Je n'emploie pas ici un mot à double entente. Malgré les rumeurs du temps, le pont d'amour, etc., il est, je crois difficile d'affirmer que Concini ait jamais été l'amant de la Reine, et l'on n'a pas produit à ce sujet des indices bien sérieux. L'influence persistante de Léonora, dont le caractère ne se serait pas prêté à un pareil marché, suffirait à elle seule pour faire tomber cette allégation.

(2) *Antiquités de Paris*, II, p. 600.

(3) Il ne dut pas y loger bien longtemps, car, d'après le même Sauval, il acheta en 1620 pour 175,000 livres l'hôtel de La Vieuville, situé rue Saint-Thomas du Louvre, devenu plus tard l'hôtel d'Epernon.

(4) *Historiette du Maréchal d'Ancre*. Edition P. Paris, I, 197.

(5) *Topographie historique du vieux Paris*, faubourg Saint-Germain, 279.

2

en fit l'hôtel des ambassadeurs extraordinaires (1). Le bâtiment, qui appartenait en 1789 au duc de Nivernais, existe encore au n° 10 de la rue de Tournon. Cet hôtel avait été pillé en septembre 1616 (2) et Léonora, de son aveu (3), avait à cette occasion obtenu du Roi, ou plutôt de la Reine mère, une indemnité montant à la somme énorme de 100,000 écus. Un second pillage eut lieu, je crois, l'année suivante, après la mort de Concini.

Venons maintenant aux terres. La plus importante était le marquisat d'Encre ou Ancre. C'était primitivement une baronnie, érigée en marquisat en juin 1576 en faveur de Jacques d'Humières ; mais celui-ci avait négligé de faire enregistrer les letttres patentes et son gendre Louis de Crevant, vicomte de Brigueil, lorsqu'il vendit la terre à Léonora, dût, pour régulariser le titre, réclamer des lettres de relief de surannation (4). La vente fut conclue le 17 septembre 1610 pour le prix de 330,000 livres (5).

(1) D'après Sauval (II, 101), le cardinal de Savoie, ambassadeur extraordinaire, y avait déjà logé en 1618. Il portait à cette époque le nom d'hôtel de Luynes, mais il ne semble pas que Luynes l'ait jamais occupé. L'empressement qu'il avait mis à décorer de son nom cet hôtel, dépouillé de ses victimes, avait, à ce qu'il parait, excité les railleries et il se décida à s'en défaire (voyez la *Topographie historique*, loco cit. et aussi aux Archives nationales, S. 2850, une note extraite du *Recueil des pièces curieuses fait pendant le règne du connétable de Luynes*).

(2) Le 16 septembre 1616, la chambre des vacations du parlement renvoyait au prévôt de Paris une requête présentée par la maréchale pour se faire restituer divers meubles et objets qui avaient été confiés à plusieurs particuliers afin de les mettre à l'abri du pillage (Arch. nat. U. 785, f° 298), mais les dégâts avaient été fort considérables, s'il faut en croire l'abbé de Marolles, qui dit en avoir été le témoin oculaire (*Mémoires.* Amsterdam, 1655, I, p. 51). D'après lui, le petit hôtel près du Louvre aurait été aussi pillé en septembre 1616, mais cela me parait douteux.

(3) *500 Colbert*, vol. cité. Interrogatoire du 9 juin, fol. 235, v°.

(4) 1er registre des ordonnances de Louis XIII.

(5) *Histoire de la ville et du doyenné d'Encre*, par l'abbé Daire (Amiens, 1784, in-12) et Pouy, p. 17. Le duc de Chevreuse le revendit le 18 mars 1695, pour 850,000 livres au comte de Toulouse (Arch. nat. R* * 1138, f° 25.).

Lésigny était une possession beaucoup moins étendue. C'était, par lui-même, un fief de peu d'importance, mais comme, depuis le commencement du xvie siècle, il avait appartenu à des financiers fort riches, ceux-ci avaient à peu près entièrement reconstruit le château et, tout en lui conservant en partie son ancien aspect de forteresse féodale, ils en avaient fait une magnifique résidence et ils avaient, par des acquisitions successives, constitué une fort belle terre. Lésigny mis en adjudication à la suite de procès survenus après la mort de son dernier propriétaire, Anne de Pierrevive, fut acquis par Léonora le 13 février 1613 pour le prix de 95,000 livres (1), mais, comme l'adjudication pouvait soulever des difficultés de la part des intéressés, Léonora avait dû transiger et acheter leur désistement (2).

Elle avait en outre fait des achats de terre et surtout des travaux considérables de construction et de réparation. S'il faut en croire un de ses agents, André de Lizza, abbé de Livry, la dépense totale, y compris l'achat, avait atteint 300,000 livres (3).

D'après les chiffres qui précèdent et en tenant compte pour une faible somme des dépenses certainement considérables faites à Ancre et de la valeur de la maison du Louvre, on arrive pour les immeubles à un prix d'environ 850,000 livres (4).

Nous avons vu que Concini avait sur lui une valeur de 1,968,000 livres.

La maréchale avait tant sur Lumague que sur Camus

---

(1) *Archives de la Maison d'Orléans.* Possessions du duc de Penthièvre. Je donnerai à ce sujet des détails plus étendus dans un travail actuellement en préparation sur l'histoire de Lésigny.

(2) Interrogatoire de la maréchale.

(3) Interrogatoires, f° 406.

(4) Bassompierre les évaluait à un million (*Mémoires,* édition Chantérac, T. II, p. 109.)

321,000 livres et, d'après les interrogatoires de Lumague, de Corbinelli, d'André de Lizza et de Montaubert (1), elle avait placé 1 million 20 ou 30,000 livres sur les monts de Florence et de Rome. Avec les 300,000 livres dont nous avons parlé, payables par le receveur général de Rouen, on arrive à 1,640,000 livres au bas mot, |ce qui, joint aux chiffres donnés plus haut, forme un total non contestable de 5,424,000 livres, près de 22 millions de francs de nos jours.

Je n'ai compté ni les charges, qui valaient bien 1 million, ni les bijoux, l'argenterie, les meubles précieux, qu'on ne saurait évaluer à moins d'un autre million, ni les promesses et inscriptions au nom de la maréchale, dont on ne trouve la trace nulle part, mais qui devaient atteindre un chiffre très important et qu'on peut estimer encore à un million (2). Cela formerait un total de 8,424,000 livres (près de 34 millions valeur actuelle), un peu supérieur à celui que donne Bassompierre, d'après une conversation avec le maréchal (3), mais que, loin de croire exagéré, je considère comme inférieur à la réalité.

(1) Interrogatoires, fᵒˢ 35, 40, 50, 406.

(2) C'est, je crois, un chiffre très modéré et qui devrait plutôt être doublé ou triplé, si l'on songe que Léonora était une femme avide et entreprenante qui avait toujours en train des affaires très considérables; on en trouve des traces dans toute la procédure.

(3) Voici sommairement l'évaluation que Bassompiere prête au maréchal :

Immeubles..........	1.000.000
A Rome et Florence..	1.500.000
Bijoux, etc...........	1.000.000
Valeur des charges..	1.000.000
Sur Feydeau.........	1.800.000
Divers...............	1.000.000
	7.300.000

Bayle, dans l'article Concini, reproduit un passage d'Alessandro Ricoveri (*Storia di Luigi XIII*, lib. V, p. 299, 300) qui donne ces mêmes chiffres,

Tout cela, évidemment, ne se retrouva pas à la liquidation. On sait ce qu'étaient devenus les bijoux. Quant aux sommes placées en Italie, la plus grande partie ne put être recouvrée (1). Pour Rome, du moins, cela paraît certain (2), et l'argent finit, dit-on, par être attribué à la fabrique de Saint-Pierre (3). A Florence, le Roi parvint peut-être à toucher quelque chose ; on assure pourtant que le Grand duc rendit au jeune Concini (4) ce qui provenait de sa

copiés évidemment sur Bassompierre. Voir aussi l'évaluation de Benti-voglio citée par M. Cousin dans ses articles du *Journal des savants* sur Luynes (1861).

(1) Je crois bien que l'on perdit, non seulement les placements faits par Léonora, mais aussi des sommes très importantes à elle confiées par la Reine mère pour être déposées dans les monts d'Italie. D'après Lumague, rien que dans les premiers mois de 1617, la Reine avait fait remettre à sa banque 620,000 livres, dont les reçus avaient été délivrés à la maréchale ou à son frère Sébastien Galigaï. On avait vivement reproché à Léonora d'envoyer à l'étranger l'or français, ce à quoi elle avait répondu que les remises avaient été faites non en métal, mais en papier. On n'avait trop su que rétorquer à cette excuse qui nous paraît maintenant si naïve. — Les recouvrements donnèrent lieu à de longues négociations à Florence et à Rome ; pour faciliter le remboursement, on s'attachait à représenter la plus grande partie du placement comme provenant de la Reine mère. On peut consulter à ce sujet les lettres patentes du 17 décembre 1622 aux *Pièces originales* (Dossier Concini), et, au vol. 550 du *Fonds Dupuy*, fol. 64 et suiv. (Biblioth. nat., Mss), les mémoires et instruction à l'Archevêque de Lyon pour les démarches à faire à Rome (ils ont été reproduits par M. Doinel dans le travail déjà cité). On avance dans ces dernières pièces que l'argent trouvé en France dans la succession Concini ne s'élevait qu'à 160,000 écus ; le reste, montant à plusieurs millions avait dû être transporté en Italie.

(2) Voyez cependant *Le Connétable de Luynes*, par M. B. Zeller, p. 237.

(3) Voir notamment les *Mémoires de Fontenay-Mareuil*.

(4) Henri Concini, né à Paris en juin 1603, avait eu pour marraine la Reine mère, et pour parrain le comte de Soissons. On sait avec quelle dureté il fut traité par l'arrêt du parlement, déclaré ignoble, incapable de posséder, etc. Il avait conservé avec sa royale marraine des relations affectueuses ; nous en avons la preuve dans une lettre autographe qui existe au *Fonds français*, 3,826, f° 859. Cette lettre, datée du 6 décembre

famille. Tallemant des Réaux, dans l'historiette du maréchal d'Ancre, dit qu'Henri Concini jouissait de ce chef de
15 ou 16,000 livres de rente, mais cela ne semble représenter que la moitié des fonds déposés à Florence, qui,
d'après les témoignages du procès, devaient monter au
moins à 600,000 livres.

* *

Arrivons maintenant à l'arrêt qui a été l'occasion de ce
petit travail.

Ce document ne paraît pas exister dans les recueils d'arrêts du Conseil qui sont parvenus jusqu'à nous (1), mais
la copie que j'ai retrouvée est d'une authenticité incontes-
table et vaut un original ; elle porte en effet les signatures
autographes du chancelier, du garde des sceaux et de trois
conseillers d'État. Le nom de Lumague, placé au revers
du dernier feuillet, prouve que c'était l'expédition délivrée
à ce banquier. Elle est probablement unique maintenant et
semble avoir échappé jusqu'ici à l'attention des érudits,
quoiqu'elle soit conservée dans un recueil bien connu, les
Pièces originales du Cabinet des Titres, et figure au dossier Concini. Le classement relativement récent de cette
magnifique collection peut seul expliquer que le document
n'ait pas encore été signalé.

La pièce, rencontrée par moi au cours de recherches sur
l'histoire de Lésigny, m'a paru assez importante pour faire

1628, d'une écriture menue et assez élégante, avait été écrite pour com-
plimenter Marie de Médicis sur la prise de la Rochelle. Pas une fois, il
n'y est question du Roi, et il semble que c'est la Reine mère qui tienne
encore les rênes du pouvoir. Henri Concini ne vécut pas longtemps ; on
dit qu'il mourut de la peste à Florence et ne laissa pas de postérité.

(1) Je ne me suis pas fié à mes seules recherches et j'ai eu recours à
l'obligeance de M. Noël Valois, si compétent en tout ce qui touche aux
Conseils du Roi ; les investigations qu'il a bien voulu faire aux Archives
Nationales sont, comme les miennes, restées infructueuses.

l'objet d'une étude spéciale. J'avais cru d'abord pouvoir me borner à une analyse, mais j'ai bientôt reconnu qu'un résumé détaillé, sans être aussi long que le document, comporterait cependant de grands développements et n'aurait jamais la valeur du texte lui-même. Je me suis donc décidé à reproduire ce texte dans son entier. Seulement, comme il est assez confus, j'ai pensé qu'il était à propos de donner d'abord un aperçu sommaire qui pourra servir de guide au lecteur.

*
* *

L'assassinat de Concini et la brusque arrestation de la maréchale laissaient nécessairement leurs affaires fort en désordre. Sans parler du train courant de la maison : gages des serviteurs, dépenses d'entretien, mémoires d'artistes et ouvriers employés à orner ou à réparer les hôtels et les châteaux, les deux époux avaient en cours une foule d'opérations financières plus ou moins claires, plus ou moins litigieuses, dont la liquidation devait être longue et compliquée. Aussi, quelques jours après le meurtre, tous ceux qui, à un titre quelconque, étaient ou se prétendaient créanciers, cherchèrent à prendre des garanties et mirent arrêt sur les sommes appartenant au maréchal et à sa femme, qui étaient déposées, pour le premier, chez Feydeau, trésorier des pensions ; pour la seconde, chez les banquiers Lumague et Camus.

Tous ces créanciers, au premier rang desquels se trouve Lumague, en même temps créancier et débiteur, figurent au premier paragraphe de l'arrêt, comme demandeurs.

Les défendeurs sont, d'une part, M. de Luynes, donataire des biens de Léonora ; de l'autre, Feydeau, Lumague et Camus, qui sont, ou ont été détenteurs des deniers saisis.

Puis vient tout seul un créancier d'un ordre différent, Vitry, qui demande à être payé sur les fonds détenus par

Lumague de 200,000 livres dont le Roi lui a fait don. Comme on va le voir, cet argent lui était réservé depuis longtemps.

Un autre paragraphe pour Lumague, dont on expose en détail la réclamation personnelle ; un autre encore pour les frères Camus qui, sous le coup de mesures de rigueur, ont depuis longtemps tout remis au trésorier du Roi, et ne demandent plus qu'à faire lever les saisies.

Nous passons aux visa. Voici d'abord l'énoncé des pièces établissant les créances de la maréchale sur Lumague et Camus et de tous les arrêts à eux signifiés pour les contraindre à payer malgré les saisies. Le premier, seul, avait résisté ; fort bien en cour, et probablement soutenu par Vitry, il ne tint nul compte de toutes les significations plus ou moins comminatoires. Puis vient la procédure concernant les créanciers de la succession et la très longue énumération de leurs demandes, qui se suivent sans aucun ordre. A la fin, sont visées les lettres de don au maréchal de Vitry, sur lesquelles je reviendrai tout à l'heure ; sont visés aussi, les arrêts de la Chambre des comptes constatant la résistance de ce corps à l'enregistrement de la donation.

On arrive enfin au dispositif. Ici sont établies des catégories parmi les créanciers. 35 doivent être payés sur les biens de Concini d'une somme s'élevant à 54,000 livres environ (59,000 en y comprenant une somme allouée plus loin aux Feuillants de Rouen).

Les créances attribuées à la succession de Léonora sont beaucoup plus nombreuses et montent en chiffre rond à 81,000 livres.

Dix-huit créanciers sont déboutés et certaines réclamations sont reconnues devoir être payées par le trésor public ; d'autres sont renvoyées pour plus ample informé.

Finalement, il est ordonné que l'argent liquide restant

aux mains de Lumague, 195,000 livres, sera versé dans la caisse du trésorier de l'épargne et servira à solder les 200,000 livres de Vitry.

Ce qui concerne ce don est, à mon avis, une des particularités les plus intéressantes de notre document. Dans l'enivrement du succès, on trouve qu'on ne saurait trop récompenser l'exécuteur de la vengeance du Roi; on lui jette, ce qui ne coûte rien, le bâton de maréchal ramassé dans le sang de sa victime, puis on lui promet 200,000 livres pour sa charge de capitaine des gardes que l'on donne à son frère du Hallier. Ceci est rapporté par tous les historiens, mais ce que nous trouvons seulement dans les dépêches de ambassadeurs vénitiens, c'est que dès le premier moment l'argent dut être pris sur les fonds placés dans les mains de Lumague. Ils écrivent le *2 mai 1617* : « Monsu « Vittri... marescial... con un dono appresso di 70,000 « scudi che in mano di questi mercanti Lumaga erano te- « nuti sopra cambj di ragione della maresciala » (1). Comme on le verra plus tard, cette attribution n'était pas stipulée dans les lettres patentes, et elle ne pouvait pas l'être, puisque la confiscation n'était pas prononcée, mais elle était connue d'avance. C'était autant de pris sur la part de Luynes, mais il aurait eu mauvaise grâce à se plaindre. N'était-ce pas Vitry qui avait ouvert la succession ?

Revenons aux chiffres. L'arrêt ne mentionne comme actif mobilier appartenant à Léonora que 324,000 livres, dont 207,000 chez Lumague, réduites à 195,000 par ses demandes reconventionnelles, et 117,000 chez Camus. Cette dernière somme avait été depuis longtemps, comme on le verra dans l'arrêt, appliquée aux dépenses de l'État, et la preuve qu'on ne la regardait pas comme disponible, c'est qu'on ne songeait même pas à en user pour compléter les

(1) Biblioth. nat., Mss. *Fonds italien*, 1771, filza 50, f° 92.

200,000 livres de Vitry. Nous avons vu que les créances à payer sur la succession de Léonora s'élevaient à 81,000 livres qui se trouvaient à la charge de Luynes. Si la créance sur Camus était irrécouvrable, comme je le crois, on arriverait à cette conclusion inattendue que Luynes, pour désintéresser les créanciers, aurait été forcé d'emprunter sur les immeubles. Pour tout autre, il en eût été probablement ainsi. Mais on a vu que, la plupart des titres mobiliers de Léonora n'avaient pas été inventoriés, et le favori trouva certainement le moyen de s'en faire attribuer une bonne partie. C'est, il me semble, un nouvel argument à l'appui de ce qui a été avancé plus haut, que la fortune mobilière nous est en partie inconnue.

J'ai déjà dit que le montant des sommes dues par Feydeau (qui s'élevait, d'après l'inventaire des papiers de Concini, à 840,000 livres au minimum), n'est pas indiqué dans l'arrêt. Cet argent, qui appartenait en propre au maréchal, et, par conséquent, ne rentrait pas dans la donation faite à Luynes, était beaucoup plus que suffisant pour désintéresser les créanciers personnels de Concini, mais où était-il passé pendant cette année? Il est bien probable que ces malheureux créanciers durent attendre longtemps, à supposer qu'ils aient jamais été payés.

Maintenant, je soumets au lecteur le texte même de l'arrêt, auquel j'ai joint un certain nombre de notes et qui est suivi d'un index.

Le document est fort long et au premier abord il paraît obscur et confus, mais avec un peu d'attention il est facile d'en saisir l'économie et l'on ne regrettera pas, j'en suis convaincu, le temps consacré à sa lecture. On y trouvera en effet, non seulement les données d'une réelle valeur historique dont il a été parlé plus haut, mais aussi une foule de noms et de détails fort curieux pour l'histoire anecdotique du temps.

ARRÊT DU CONSEIL DU ROI

Du 31 Mars 1618 (1)

Entre Jean André Lumague, bourgeois de Paris (2). Loys de
la Haye, marchant orphevre (3); Urbin Bouilly, marchant pourvoyeur; Joseph Serato, natif de la ville de Vincence en Lom-
bardie, tant pour luy que pour sa femme et son filz; Vincent
Lodovicy (4), secretaire de deffunct Concino Concini, vivant

(1) Biblioth. nationale, Cabinet des titres. *Pièces originales*, vol. 835,
dossier Concini.

(2) On trouve au vol. 1774 des *Pièces originales* un dossier volumineux
sur la famille Lumague. Jean-André, né en Italie et mort à Paris en 1637,
à l'âge de 73 ans, était un homme fort considéré; il avait été anobli en
août 1603, ainsi que plusieurs autres marchands qui avaient entrepris
avec lui des manufactures d'étoffes d'or, d'argent et de soie, et avait
obtenu à cette époque un privilège qui fut plusieurs fois renouvelé. On le
trouve qualifié seigneur de Villiers et de Saint-Loup. De sa femme,
Marie Drouart, il laissa neuf enfants. Son frère Charles était également
banquier à Paris.

(3) Il y a eu plusieurs orfèvres de ce nom, probablement de la même
famille. M. Mazerolle a donné dans les *Archives historiques et littéraires*
de 1891 une série de documents concernant Jehan de La Haye, orfèvre
du Roi et maître de la Monnaie de Paris (1587 et 1609). J'ai trouvé dans
les *Comptes de l'Epargne* d'octobre 1612 (Bibl. nat., Mss, *Fonds Dupuy*,
vol. 825, fº 200, vº) un François de la Haye, aussi orfèvre.

(4) Natif de Trévise et naturalisé en octobre 1616 (*Ordonnances de
Louis XIII*, 2e reg., fº 348). Il était secrétaire du maréchal pour la langue
italienne et, d'après ses interrogatoires, il avait été chargé des affaires de
Léonora de 1608 à 1612. Il joua dans le procès un rôle important. On
l'avait compris dans les poursuites avec son collègue Montaubert, dans
le but, a-t-on dit, d'infirmer la valeur de leurs témoignages, favorables à

marquis d'Ancre et mareschal de France; Pierre de Vailly, marchant lingier ordinaire du Roy ; Cicille Oldonne, damoiselle servante de feue Leonora Galigai, femme dudict Concini, et Ambroise Bevaille, son filz ; Nicolas Roger, premier vallet de garde robbe du Roy (1); Loys Bezay, rotisseur; Michel Raguenet, maistre chandelier ; Loys Lebel, sieur du bois de Belliveux, heritier par beneffice d'inventaire de ses deffunctz pere et mere ; François Gobelin, conseiller du Roy et controlleur des finances à Rouen ; Jean Baron, marchant passementier du Roy ; Pierre Robin et Claude Gouffé, vefve de feu René Briant, marchans fournissans l'argenterie du Roy ; Me Nicolas Godeffroy, conseiller du Roy et tresorier provincial de l'extraordinaire des guerres en Normandie ; Me Constantin Hedebert, aussy conseiller de sadicte Majesté et tresorier provincial de l'extraordinaire des guerres en ladicte province ; frere François Martin, religieux profex et procureur des freres minismes de la ville de Bourdeaux, et Me Remond Martin, tresorier general de la maison et finances de Navarre; les relligieux, prieur et convent des Feuillians de la ville de Rouen ; Jacques Lofficial, tailleur ordinaire et vallet de chambre de Monsieur, frere unicque du Roy ; Rodolfe Cenamy, sieur de La Barre (2) ; Me Gabriel Vouldry, receveur des tailles à Montlusson, subrogé au lieu de Me Henry Clausse, sr de Fleury (3), à la poursuicte des criées de la terre et seigneurie de Lesigny; Jean Beaudoing, menuisier; Laurens Vannelly, bourgeois, banquier de Paris ;

leurs anciens maitres (Voyez *Pouy*, ouvrage cité p. 64 et suivantes). — Les interrogatoires de Ludovici sont au volume des *500 Colbert*, f°ᵒˢ 193, 266 et 271.

(1) C'était, comme nous l'avons dit, l'orfèvre le plus occupé de la Cour. Son nom est presque à chaque page des comptes de l'Épargne. On le trouve une fois, en 1615, mentionné avec son frère Corneille.

(2) J'ai donné des détails au sujet de Rodolphe Cenamy dans mon étude sur *Montbrun-Souscarrière* (Mémoires de la Société de l'histoire de Paris, t. XVI, p. 64.).

(3) Fils de Cosme Clausse et de Marie Burgensis. Il avait été grand-maître et général des forêts de France et ambassadeur près de plusieurs cours. Il était oncle à la mode de Bretagne d'Anne de Pierrevive, dernier seigneur de Lésigny, dont la mère se nommait Jeanne Clausse ; mais je ne sais pas précisément à quel titre il intervenait dans la vente.

Marc Bimbix, orphevre (1); Alexandre Desvieux, dit Mercure,
vallet de chambre du Roy et parfumeur ordinaire de Sa Majesté;
Pierre Chantefin, menuisier, au nom et comme mary de
Marcelle Martiguienne, cy devant servante de ladicte Galigai;
Gilles Portes, chappellin (2); Marc Descomans et François de la
Planche, entrepreneurs de la manufacture de tapisserie, façon
de Flandre (3); le sieur de la Prairie, cy devant maistre des
pages dudict feu Conciny (4); Mᵉ René Almeras, conseiller du
Roy et tresorier de France en la generalité de Paris (5);
Honnoré Curault et Jean Lofficial, cy devant valetz de chambre
dudict feu Concini; Jean de la Bauve, maistre charpentier
à Paris; Ysacq Dumoulinot, cy devant escuyer dudict Concini;
René Chartier, docteur en medecine; Nicolas Lecomte, secretaire ordinaire de la Royne, mere du Roy, cy devant ageant des
affaires de ladicte Galigai; Pierre de la Gelée, archer des gardes
du corps du Roy; Rafael Corbinelly, cy devant secretaire dudict
feu Concini (6); Henry Guillin, tailleur de la Royne; Salaumon

(1) D'après les interrogatoires, il était valet de chambre de la Reine et
avait son logement dans la galerie du Louvre.

(2) Déjà chapelain en 1612. Le *Dictionnaire de Jal* le mentionne dans
l'art. Concini (p. 417).

(3) Dans des quittances de 1606 (*Pièces originales*, vol. 2,295, dossier de
la Planche), ils se qualifient Marc de Comans et François de la Planche,
gentilshommes flamands, directeurs de la tapisserie de Flandres en
France. On peut consulter sur eux l'*Histoire de la tapisserie*, de M. Guiffrey (1886, 8°), p. 294 et suivantes.

(4) Un nommé Isambard de la Bucay (Buquaille), sieur de la Prairie,
gouverneur des pages de la chambre du Roi, figure comme parrain sur
les registres de Saint-Sulpice en mai 1613, Sur les mêmes registres, on
trouve en août 1659 Guillaume de la Buquaille, escr, sʳ de la Prairie,
gentilhomme ordinaire et lieutenant de la vénerie (*Cabinet des titres*,
vol. 767, p. 136 et 247). Enfin, dans le titres de la Commanderie de Saint-
Jean-en-l'Isle de Corbeil (Archives nationales S 5142) j'ai rencontré un
bail à loyer du 30 mai 1693, contracté par Dlle Claude de Bernard, veuve
de Charles de la Bucaille, escr, sʳ de la Prairie.

(5) Devenu plus tard maître des comptes, conseiller d'État et secrétaire
des commandements de la Reine (*Pièces originales*, vol. 42.).

(6) Né à Paris, baptisé à Saint-Sulpice, le 2 novembre 1581, fils de Jacques, interprète du Roi, et d'Isabel Paulmier (*Cabinet des titres* 767, p. 2).
Il épousa Jeanne Mononvelli dont il eut des enfants (Saint-Paul, *Cabinet
des titres* 765, p. 320.). Il y a un dossier au vol. 852 des *Pièces originales*.

de la Fon (1) et Claude Aleau, maistres massons à Paris; Pierre
Scelier, maistre charpentier; Noel Guede, serrurier; Claude
Chassin et Adrien Ancy, menuisiers; Claude Benard, habitant
de Lesigny; Remy Lantonnois, tavernier audict lieu; Claude
David, maistre masson; Jacques Gilles, couvreur; Daniel
Lefront, plombier; Françoys Guichard, paveur; Michel Fleureau.
forgeron de gros fer; Denis Trouvé, cy devant domesticque
dudict Concini; Nicolas Tallot, tailleur chaussetier du Roy; Jean
Gaboury, tapissier de Sa Majesté; Claude Charlot, intendant de
la maison de Monsr le comte de Saint-Paul; Jean Messier,
brodeur; Daniel Hellot, marchant forain; Philippes Legagneux,
scelier de la Royne; Loys Divry, chappellier; Jacqueline
Leschassier, vefve de feu Lambert Hotman, vivant orphevre à
Paris; Jacob Hincq, tailleur d'habitz de la guarde du corps du
Roy; Jean Wolf, marchant linger; Philippes Lemoine, charon;
Gobin Bertault, menuisier; Robert Fenot, masson; Estienne
d'Aicq, cy devant maistre d'hostel dudict feu Concini; Gilles
Alix, tapissier; Charles Potier, chaussetier; Josse de Langueras,
orphevre et vallet de chambre du Roy (2); Jean Panneguiny,
apoticaire ordinaire de la royne mere du Roy (3); Pierre
Renard, scelier de l'escurie du Roy; Thoussainctz Comtesse,
bourelier; Anthoine Lamy, marchant de soye; Michel Descovadro, cy devant mulletier de ladicte Galigai; Jean Desdiguière,
dit la Place, cy devant escuyer de ladicte Galigai (4); Laurens
Septabre, menuisier en aybeine (5); Nicolas Seraudin, tant pour

(1) C'était un protestant et il était fort connu dans son état. Son fils fut
architecte du Roi (*Topographie historique de Paris*, faub. St-Germain, p. 223).

(2) On remarquera le prénom de cet orfèvre. On le trouve en 1626 dans
les remboursements de rentes (extraits de *Clairambault*, Bibl. nation.
Mss, 553, p. 13) avec l'orthographe de Langeras.

(3) Ce Panneguini joua un certain rôle au procès. On l'accusait d'avoir
servi d'intermédiaire à la maréchale pour s'approprier une somme de
12,000 livres destinée au rétablissement da la musique de la Reine. Les
musiciens, qui touchaient 13,000 livres en tout, n'avaient eu que 1,000 l.
pour la première année. Les interrogatoires des musiciens sont très pré-
cis (*Colbert*, vol. cité f°s 553 et suiv. et 224.).

(4) Desdiguières était un des hommes de confiance de la maréchale;
son interrogatoire est intéressant (*Ibid.*, f° 38).

(5) Il logeait à la galerie du Louvre (Lettres patentes du 22 décembre 1608). Herluison nous donne son acte d'inhumation à Saint-Germain-
l'Auxerrois en date du 21 juin 1624.

luy que pour Arcange Beaurepaire, massons; Claude Nicque, tissutier rubannier à Paris; Jean Rabot, mareschal; Anthoine Mesnilliers, tapissier ordinaire du Roy (1); Anthoine Lefebvre, maistre tapissier (2); Jacques Esmardelle, cordonnier; Nicolas Loison, menuisier; dame Marie de Gondy, vefve du feu sieur de Hely (3); Antoine Lefebvre, cy devant escuyer de cuisine dudict Concini; Nicolas de Mouy, sieur de Riberpré, gouverneur pour le Roy en la ville et gouvernement de Corbie (4); Robert Lefort, Guillaume Cardon et consors, massons, demeurans à Amiens; Jean Carrette, Pierre Tondu, Adrien de Beaucourt et consors; Jean Cotereau, controlleur general des fortiffications de Picardie; Christofle Hebert, tresorier desdittes fortiffications; Jean de Favolles (5), sieur dudit lieu et de la Dodie; Laurens Morel, esperonnier des escuries de la Royne; Zanoby Spiny, gentilhomme ordinaire de la chambre du Roy; Jacques Desassis, maistre escrivain; Barthelemy Barbier dit le Provençal (6); Barthelemy Serre, cy devant cuisinier de ladicte Galigai; Robert Jumel, commissaire ordinaire de l'artillerie; Rachel Deniagu, lingier ordinaire du Roy; Anthoine de Montaubert, grenetier d'Amiens et receveur et paieur des gages des presidiaux dudict lieu (7); Jean

(1) Il était aussi garde des meubles du Roi. On trouve dans l'*Histoire de la Chancellerie* (I, 354) un Antoine de Mesniller reçu secrétaire du Roi.

(2) Neveu de Mesnilliers.

(3) Fille de Jérôme Gondi qui fut ambassadeur à Rome et chevalier d'honneur de la Reine, elle avait épousé Léonor de Pisseleu, seigneur de Heilli, neveu d'Anne de Pisseleu, duchesse d'Étampes. On avait trouvé dans les papiers de la maréchale une lettre de Mme d'Heilli, qui donna lieu à des questions posées à Léonora (*Interrogatoires*, f° 210).

(4) Voyez *Pouy*, ouvrage cité p. 25, 31, 61 et suivantes.

(5) Ou Favolles. C'est lui, je crois, que M. Pouy nomme Favel ou Faverolles (p. 118).

(6) Je ne sais si c'est le même que Barthélemy Barbier dit Monbrave, domestique du maréchal, qui avait été convaincu d'avoir assassiné une femme à Amiens, mais avait obtenu des lettres de rémission. De nouveau poursuivi devant le parlement de Paris après la mort de son maître, il fut banni du bailliage d'Amiens et condamné à 200 livres d'amende, par arrêt du 7 juillet 1617 (*Archives nationales* X ² A, 198, f°ˢ 73 et 160 v°).

(7) Il était aussi secrétaire de Concini. D'après son interrogatoire, il était né à Paris, vers 1567 et avait été au service de deux gouverneurs

Grattepaille, vitrier; Nicolas Ponteron, peintre (1); Anthoine Attier, cordonnier; Pierre Ducastel, cy devant maistre d'hostel de la dicte Galigai; Jean Pluyet, escrivain; Jacques Mauban, cy devant tailleur de ladicte Galigai; la dame Bourcier (2), sage femme de la Royne; Françoise de Boussart; Claude de la Voye, cy-devant vallet de chambre du filz de ladicte Galigai; Loys Adimary; Thomas Lebossu, fourbisseur; Michel Bachelier, advocat en la cour de Parlemant de Paris (3); Guillaume Boutin, jardinier; Pierre Trehet, procureur fiscal de la terre et seigneurie de Lesigny; Anthoine Bertin, lieutenant general au gouvernement de Perronne, Montdidier et Roye; Henry de la Croix, bailly de la Queue en Brye et prevosté de Lesigny; Simon Renault, serrurier; Didier d'Orlis; Pierre Godin et consors, Loys Galier; Alexandre Lebourg; Nicolas de Largilière, laboureurs vignerons demeurans à Lesigny; Joachin Marchant, cocher, et la dame de Proüville (4); tous les dessus dicts soy disans creantiers desdicts deffuncts Concino Concini et Leonora Galigai sa femme, demandeurs et requerans que, sur les deniers saisis es mains de M⁰ˢ Denis Feydeau, tresorier des pentions, Jean André Lumagne et Nicolas Camus, freres, et autres biens

d'Amiens avant d'entrer dans la maison du maréchal. Ses dépositions sont importantes; on l'interrogea notamment sur toute la correspondance de Concini (*Interrogatoires*, fᵒˢ 179 et suiv., 253 et suiv. — Voyez aussi *Pouy*, passim).

(1) Peintre décorateur connu. Je crois qu'il avait dû être employé à Lésigny où Léonora avait fait construire une galerie et une chapelle à présent détruites, mais on voit encore dans le château un boudoir (aujourd'hui transformé en chapelle) décoré de belles peintures d'ornement qui pourraient bien être de sa main.

(2) Louise Bourgeois, femme de Martin Boursier, chirurgien du Roi. Elle raconte dans le *Récit véritable de la naissance de Messeigneur et Mesdames les enfants de France* (1626, in-12), p. 125, que c'était *Madame Conchine* qui l'avait présentée à la Reine et lui avait ensuite fait obtenir quelques faveurs. Le 26 juin 1604, Léonora avait été marraine d'un de ses fils à Saint-André-des-Arts (Mss *Clairambault* 987, p. 463.). Elle avait un gendre nommé Renault de Lessègues qui était en rapports avec Concini et lui servait d'indicateur pour les grâces financières à demander. On a son interrogatoire.

(3) Précepteur du jeune Concini.

(4) Elle était intervenue au procès de 1617 à l'occasion du meurtre de son mari survenu en décembre 1615 (voir p. 15 et *Pouy*, p. 65).

desdits deffuncts, ilz soient paiés de ce qui leur est deub, d'une part ;

Et messire Charles d'Albert, sieur de Luines, conseiller du Roy en ses conseilz d'estat et privé, grand fauconnier de France et premier gentilhomme de la Chambre de Sa Majesté, donnataire de tous les biens appartenans à ladicte Leonora Galigai, et lesdicts Feideau, Lumagne et Camus, deffendeurs d'autre ;

Et entre Messire Nicolas de L'Ospital, marquis de Vitry et mareschal de France, demandeur et requerant que sur les deniers deubs par ledict Lumague à ladicte Galigai, il soit paié par preference de la somme de deux cens mil livres, dont sa dicte Majesté luy auroit fait don d'une part (1) ;

Et ledict sieur de Luines, ledict Lumague et les dicts creantiers deffendeurs, d'autre ;

Et encores, entre ledict Lumague, demandeur et requerant que sur les deniers qu'il a entre ses mains, appartenans à ladicte Galigai, il soit paié par preference du pris de trois cens quatre vingtz deux paires d'armes qu'il avoit fait venir d'Austredan à Quilbeouf (2), par commandemant verbal dudict feu Concini, et qui auraient esté saisies et arrestées audict lieu de Quilbeouf par les officiers du Roy depuis le deceds dudict Concini, et des autres sommes de deniers qu'il a paié et frais qu'il a fait par ordonnance verballe des commissaires depputés par Sa Majesté pour procedder à l'inventaire des meubles de ladicte Galigai, offrant de remettre le surplus desdicts deniers ès mains de qu'il appartiendra, en luy rendant ses promesses qu'il en a faictes et luy fournissant de main levées des saisies faictes sur lesdicts deniers à la requeste desdicts creantiers d'une part;

Et ledict sieur Mareschal de Vitry, et lesdicts creantiers deffendeurs d'autre ;

Et entre lesdicts Camus, freres, demandeurs et requerans qu'attendu le paiemant actuel qu'ilz ont fait es mains du trésorier de l'espargne en vertu des arrestz du conseil et contrainctes

(1) Voyez plus loin.

(2) Amsterdam à Quillebeuf. On sait que Concini, après avoir remis son gouvernement de Picardie, avait été nommé gouverneur de Normandie. Vittorio Siri parle du mauvais effet qu'avaient produit les travaux de fortification et les préparatifs militaires faits à Quillebeuf (*Memorie recondite*, IV, 41).

faictes allencontre d'eux en execution desdicts arrestz, de la somme de cent cinq mil cent quatre vingtz sept livres d'une part, et douze mil livres d'autre, ilz soient deschargés des saisies faictes sur lesdicts derniers (1) par aucuns desdicts creantier s, et que deffences soient faictes aux creantiers desdicts Concini et sa femme de les troubler et inquieter à l'advenir pour raison desdictes sommes par eux paiées au tresorier de l'espargne d'une part ;

Et lesdicts creantiers deffendeurs d'autre ;

Veu par le Roy en son conseil, la commission de sa dicte Majesté du XXVIe avril XVIe XVII par laquelle est mandé aux sieurs Aubery (2) et Lebailleuil, conseillers de sa dicte Majesté en son conseil d'estat, et maistres des requestes ordinaires de son hostel, de se transporter en toutes les maisons qui leur seroint indicquées, ou les deniers, pierreries et autres choses appartenans au feu mareschal d'Ancre et sa femme, auroient esté mis et transportés, et icelles saisir et arrester entre les mains de qui que ce soit, proces verbal desdicts commissaires de la recherche et perquisition faicte au logis de Jean André Lumague dudict jour, autre proces verbal du XXVIIe ensuivant de l'ouverture du scellé faicte au logis dudict Lumague, de ses registres et papiers concernans les affaires desdicts Concini et Galigai, contenant la recognoissance faicte par ledict Lumague des sommes de deniers qu'il a receu de la dicte Galigai et de ce qu'il luy debvoit de reste ; les registres dudict Lumague et ses associés des années 1616 et 1617, par lesquels appert ledict Lumague (deduction faicte de la somme de VIIm livres d'une part par luy paiés pour ledict Concini à André Pestalossy pour l'achapt de six chevaux et un carosse d'Allemagne (3) et de la somme de XIXe LVI lb. d'autre part pour autres frais et deniers fournis pour ladicte Galigai) estre demeuré redevable envers ladicte Galigai de la somme de deux cens sept mil livres ; arrest dudict conseil du IIe septembre XVIe XVII, par lequel auroit esté ordonné que ledict Lumague paieroit comptant es mains de

(1) *Sic.*

(2) Jean et Robert Aubery.

(3) Il est question dans l'interrogatoire de Montaubert (*500 Colbert,* vol. cité, fo 181) d'un carrosse commandé par Concini et destiné au comte Jean-Jacques de Beljoioso. Peut-être est-ce celui dont il est question ici et que Sacardy fit envoyer à Bruxelles. Voir ci-après p. 41.

Me Vincent Bouhier, tresorier de l'espargne, ladicte somme de deux cens sept mil livres, contenue en ses promesses, en luy fournissant quictance de ladicte somme et luy rendant lesdictes promesses comme solues et acquittées, au paiemant de laquelle somme il seroit contrainct par emprisonnement de sa personne; en quoy faisant, il en demeureroit valablement deschargé envers les creantiers desdicts marechal d'Ancre et sa femme saisissans et tous autres, au pied duquel arrest est la signiffication faicte audict Lumague, contenant des responces et moiens d'opposition à l'execution dudict arrest, du IXe dudict mois et an; acte d'opposition faicte à la requeste de Jean de la Grange, soy disant scindicq de la plus grande partie desdicts creantiers à l'execution dudict arrest du conseil, signiffié audict Lumague le XIe septembre en suivant, contenant la responce dudict Lumague, proces verbal desdicts commissaires du IIe may XVI^c XVII de la perquisition faicte au logis de Nicolas et Nicolas Camus, freres, sur leurs registres et papiers, des deniers qu'ilz pouvoient debvoir à ladicte Galigai, contenant leur declaration qu'ilz estoient debiteurs envers ladicte Galigai de la somme de CV^m CIIII^{xx} VII lb. par promesse du XIIe mars preceddent, paiable dans six mois, laquelle somme il estoit prest de paier es mains de qui luy seroit ordonné dans le temps porté par ladicte promesse; arrest du dict conseil du XXVIIe May audict an, par lequel il auroit esté ordonné que lesdicts Camus, freres, paieroient comptant es mains du tresorier de l'espargne M^o Vincens Bouhier ladicte somme de CV^m CIIII^{xx} VII lb. contenue en leur dicte promesse, laquelle leur seroit rendue par ledict tresorier de l'espargne, es mains duquel sadicte Majesté l'auroit faict mettre, precomptant ausdicts Le Camus les interestz et changes de ladicte somme, au cours de la place et change de Paris, pour estre lesdicts deniers employés aux plus urgens affaires de Sa Majesté, mesmes au licenciement des gens de guerre, au pied duquel arrest est la signiffication d'icelluy et commandemant fait ausdicts Camus de paier, et leurs responces et causes d'opposition à l'execution dudict arrest; autre arrest dudict conseil du XXXe dudict mois et an, par lequel, sans avoir esgard aux saisies faictes es mains desdicts Lecamus ny à leurs dires et responces, auroit esté ordonné qu'ilz paieroient comptant, dans le jour pour tout delay, pour estre employé au licenciement des Souisses, es mains dudict tresorier de l'espargne, ladicte somme

de CV^m CIIII^xx VII lb. contenue en leur dicte promesse dudict
jour XIIe avril XVI^c XVII, sur ce deduit la somme de cinq mil
quatre cens livres, à laquelle sa dicte Majesté auroit licquidé les
changes et frais qu'il leur conviendroit faire pour l'advance
desdicts deniers, au paiemant du surplus de laquelle somme ilz
seroient contraincts par emprisonnement de leurs personnes
comme pour les propres deniers et affaires de sa dicte Majesté ;
au pied duquel arrest est la contraincte faitte allencontre des
ditcs Camus par l'huissier Mauroy, et la quictance du paiemant
par eux fait, pour esviter l'emprisonnement de leurs personnes,
de la somme de quatre vingtz dix neuf mil sept cens quatre
vingtz sept livres, portée et mise es mains dudict tresorier de
l'espargne, laquelle avec ladicte somme de V^m IIII^c lb. délaissée
aus dicts Camus pour les changes et frais de la dicte advance,
font la dicte somme entiere de CV^m CIIII^xx VII lb. contenue en
ladicte promesse ; quictance dudict sieur Bouhier, tresorier de l'espargne de lacdite somme de IIII^xx XIX^m VII^c IIII^xx VII lb. du IIe
juin XVI^c XVII controllée le VIe dudict mois et an ; autres arrestz
dudict conseil des XXVIe aoust et XVIe decembre ensuivants,
au pied desquelz sont les exploictz de commandemens faictz
ausdicts Lecamus et quictances du paiemnt par eulx fait des
sommes de IIII^m lb. d'une part et VIII^m lb. d'autre, en vertu
desdits arrestz, des deniers qu'ilz avoient entre leurs mains,
appartenans audict Concini, des dernier aoust XVI^c XVII et
XIIIe janvier 1618 ; autre arrest du dict conseil du XXIe may
XVI^c XVII, par lequel auroit esté ordonné que tous les creantiers qui ont saisy es mains desdicts Feideau, Lumague, Camus
et autres seroient assignés audict conseil, pour estre sommere-
ment ouys par devant les sieurs de Boisize et autres commissaires desnommés en la commission du XXVIe avril preceddent,
par devant lesquels ilz rapporteroient leurs obligations, contracts
et tiltres en vertu desquels ilz ont fait procedder par saisies sur
les biens desdicts deffunctz Concini et Galigai, pour estre reglés
de juges ou autrement leur estre pourveu ainsy que de raison,
et cependant delffences faictes ausdicts creantiers de se pourvoir
ailleurs qu'audict conseil pour lesdictes saisies ; arrestz dudict
conseil sur les requestes de Jean de la Grange, soy disant scindicq desdicts creantiers des XXVIIIe aoust et VIe septembre
XVI^c dix sept, par lesquels les sieurs de Boisize, conseiller au
conseil d'estat, Maupeou et Arnault, aussy conseillers audict

conseil et intendans des finances de sa dicte Majesté, auroient
esté commis et depputés pour avec les dicts sieurs Aubery procedder à la veriffication desdictes debtes et ordre du paiemant
d'icelles, pour à leur rapport audict conseil y estre pourveu
comme il appartiendra ; proces verbaux des assignations données ausdicts creantiers par devant lesdicts commissaires pour
apporter leurs tiltres et exploictz ; proces verbal desdicts commissaires, contenant les comparitions et demandes faictes par
lesdicts creantiers et la remise de leurs tiltres et pieces justifficatives de leurs demandes par devers iceux commissaires, suivant
leurs ordonnances, et en vertu de l'arrest dudict conseil dudict
jour XXIe May XVIe XVII (1) ; coppies des exploicts des saisies
et arrestz faicts es mains desdicts Feideau, Lumagne et Camus par
aucuns desdits creantiers, en vertu des permissions du prevost
de Paris ; requeste dudict Lumagne et estat des sommes par luy
pretendues allencontre desdicts Concini pour le pris desdictes IIIe
IIIIxx II cuirasses, et pour les frais par luy faicts lors qu'il a esté
proceddé à l'inventaire des meubles de la dicté Galigai, et assignations qu'il auroit fait donner aux creantiers qui auroient
saisy en ses mains les deniers dont il estoit débiteur ; arrest de la
dicte cour de parlemant de Paris du XIIIe aoust XVIe dix sept,
par lequel auroit esté ordonné que des deniers qui estoient es
mains dudict Lumagne, appartenans ausdicts feus mareschal
d'Ancre et sa femme, Me Pierre Mulart, procureur en la dicte
cour, nagueres curateur à la memoire dudict feu mareschal
d'Ancre, seroit paié de la somme de six cens livres (2) par preference à tous autres, non obstant les saisies tant des creantiers
que donnataires, proces verbal du commandement fait audict
Lumagne à la requeste dudict Mulart de luy paier ladicte somme
de VIe lb. contenant le paiemant fait par ledict Lumagne pour
esviter à l'emprisonnement de sa personne, et la quictance dudict
Mulart de ladicte somme de VIe lb. du XXIe dudict mois et an ;
arrest donné par le Roy en son conseil le XVe juillet XVIe dix
sept, par lequel auroit esté ordonné que ledict Lumagne seroit
paié et rembourcé du pris desdictes IIIe IIIIxx II cuirasses, sur
les deniers qu'il a entre ses mains, appartenans à la dicte Galigai,

(1) Ce procès-verbal qui devait être fort curieux n'a pu être retrouvé.
(2) C'est par arrêt du 10 juillet 1617, que la Cour avait taxé à 600 livres
le salaire de Mulard (*Arch. nation.* X 2 A, 198, fo 166).

au caz qu'il se trouve n'en avoir esté paié et satisfait ; demande du dict Lahaye, ses parties et estat de la vesselle d'argent par luy fournie à la dicte Galigai, attestée par Sebastien Galigai (1), son frere, et par elle recogneues par devant les sieurs Courtin et Deslandes, conseillers en la dicte cour de parlemant et commissaires par elle depputés, le IIII juin XVIᶜ dix sept ; demande dudict Bouilly, pourvoieur ; contrat par luy fait pour la fourniture des vivres de la maison desdicts Concini et Galigai du XIIIIᵉ aoust XVIᶜ seize ; certifficatz des maistres d'hostel dudict Concini des sommes deues audict Bouilly pour les fournitures par luy faictes pendant les mois de janvier, febvrier, mars et jusques au XXIIIIᵉ avril 1617 ; estat des deniers receus par ledict Bouilly sur lesdictes fournitures revenans à la somme de XXIᵐ CXVIII lb. XIIII s. (2); requeste et demande dudict Serato, esdicts noms; attestation dudict Galigai du XXIIIIᵉ may 1617, que ledict Serato, sa femme et son filz ont rendu plusieurs années de service à ladicte Galigai sans recompence; acte de recognoissance faicte par ladicte Galigai par devant lesdicts commissaires de ladicte cour de parlemant, du XV juin audict an ; requeste et demande dudict Lodovici ; acte de declaration faicte par messire Jean Bernard prestre, docteur en la faculté de theologie, par devant l'official de Paris, du XIIᵉ aoust en suivant, de la recognoissance que ladicte Galigai auroit fait des services que ledict Lodovici luy auroit rendus et de la recompence qu'elle desiroit luy estre faicte ; les parties et estat des fournitures de linge faict par ledict de Vailly audict Concini, extraictes sur son papier journal; requeste et demande de ladicte Oldonne et dudict Bevaille son filz; estat des frais prestendus faictz par ledict Bevaille au service de la dicte Galigai attestés par ledict Galigai son frere; parties et estat des fourni-

---

(1) Sebastien Galigaï, d'abord abbé de Marmoutiers, fut nommé à l'archevêché de Tours en 1617, mais il n'était pas encore installé lors du meurtre de son beau-frère. A ce moment, on pilla sa maison, son palais de Tours et son abbaye. En échange de ses bénéfices et de son archevêché qu'on le força à résigner, on lui donna une pension relativement modeste (*G. Bentivoglio*, ouvrage cité, p. 109 et suivantes).

(2) L'inventaire des papiers trouvés sur Concini (*Colbert*, fᵒ 31, vᵒ) indique sous la cote 13 une quittance signée Bouilly, de la somme de 10,294 livres payée par Feydeau, pour fournitures à la maison du maréchal.

tures de vesselle d'argent et orphevrie faicte par ledict Roger
ausdicts Concini et sa femme, attestée par ledict Galigai et par
les nommés Aubépine et Corbinelly le XIX° may 1617 ; extrait
du proces verbal desdicts commissaires du parlemant contenant
la recognoissance faicte par ladicte Galigai (1) du contenu esdi-
tes parties, les XXI et XXII° juin 1617 ; demande dudict Bezay
rotisseur, extrait de son papier journal des fournitures par luy
faictes pour la maison desdicts Concini et sa femme, avec les
attestations de leur maistre d'hostel ; estat des fournitures
faictes par ledict Raguenet chandelier, extrait sur son papier
journal, certiffiées par Estienne d'Aicq maistre d'hostel dudict
Concini le X° may audict an ; demande dudict Lebel, ordonnances
dudict Concini des XVI° et XVIII° novembre XVI° quinze pour
faire abatre dans les bois apartenans audict Lebel les arbres qui
seroient necessaires pour employer aux reparations et fortiffications du village et chasteau de Dours (2) et en faire proces
verbal en la presence du proprietaire et du controlleur des fortiffications, les attestations faictes par devant notaires par Claude
Perrot charpentier de la quantité de bois qui a esté abatu dans
ledict bois de Belliveux, des XVII° avril et XXII° juin 1616,
et XXV° janvier XVI° dix sept, sentences du prevost de Paris
au proffit du dict Lebel pour raison dudict bois allencontre de
ladicte Galigai, au nom et comme tutrice des enffans dudict feu
Concini et d'elle, des XVII° may et XXVII° juin XVI° dix sept ;
demande dudict Gobelin ; promesse de la somme de quinze cens
livres faicte à son proffit par ledict Concini en datte du VII°
febvrier audict an ; demande dudict Baron, parties et estat des
fournitures par luy faictes pour la dame Royne mere du Roy ;
autre estat des fournitures faictes par (3) ladicte Galigai, au pied
desquelles estatz est la recognoissance faicte par ladicte Galigai,
par devant les commissaires dudict parlemant le dix et XV° juin
XVI° XVII (4) ; requeste et demande desdicts Robin et vefve

(1) Roger réclamait 6,052 livres. La maréchale reconnut lui devoir,
mais sans admettre les prix fixés. (*Colbert* f° 334)

(2) Daours, à 6 kilomètres de Corbie.

(3) *Sic* pour à.

(4) *Interrogatoires*, f° 324. Comme toujours, la maréchale, tout en recon-
noissant la réalité des fournitures, ne se prononçait pas sur le chiffre qui,
d'après elle, était à régler. Baron réclamait un solde de 6,845 l., sans comp-
ter 5,019 l. pour objets destinés à la Reine mère. Il lui fut alloué 6,000 l.

Briant; parties et estat des fournitures par eux faictes pour ladicte
dame Royne mere du Roy; austre estat des fournitures par eux
faictes pour ladicte Galigai; lesdicts estaz recogneus par ladicte
Galigai par devant lesdicts commissaires le XV⁰ dudict mois et
an (1); demande dudict Godeffroy, estat des sommes de deniers par
luy prestées et advancées pour ledict Concini et quictance de
partie desdicts paiemans; demande dudict Hedebert; requestes
et demandes dudict frere Martin François, procureur des peres
minismes de la ville de Bourdeaux, et dudict Remond Martin;
coppie du contrat de vente faicte par les heritiers et creantiers
dudict feu Duburcq ausdicts religieux de deux maisons scizes à
Bourdeaux pour le pris et somme de XXIIII ᵐ lb., au paiemant
de laquelle somme ledict Remond Martin se seroit obligé
envers lesdicts heritiers et creantiers du XXIII⁰ novembre XVI⁰
quinze; coppie d'une promesse et indemnité faicte par ladicte
Galigai audict Martin pour raison de ladicte obligation dudict
jour et an; acte de la recognoissance par elle faicte par devant
les commissaires de ladicte cour de parlemant du contenu en
ladicte promesse d'indemnité le XXI⁰ juin XVI⁰ XVII (2); acte
de sommation faicte audict Martin à la requeste de Jean de la
Chaussée, l'un des creantiers dudict Duburcq et poursuivant les
cryées desdites maisons, pour le paiemant de ladicte somme de
XXIIII ᵐ lb. avec protestation de tous despens, domages et interestz allencontre dudict Martin, mesmes de continuer les criées
desdictes maisons, contenant la responce dudict Martin du
XXIII⁰ novembre XVI⁰ quinze, requeste dudict de la Chaussés
aux commissaires depputés pour la veriffication des debtes desdicts Concini et sa femme, tendante affin que ledict Lumague
fut condamné mettre es mains d'un marchant solvable de la
ville de Paris, ladicte somme de XXIIII ᵐ lb. et interestz d'icelle
pour estre distribués aux creantiers dudict Duburcq, et attendu
l'ipotecque expresse que lesdicts creantiers dudict Duburcq se
sont reservés sur lesdictes maisons, proteste par ladicte requeste
de continuer les cryées et adjudication d'icelles, et faire decla-
rer ledict contract de vente pour non advenu, sauf à poursuivre
les domages et interestz et la folle enchere, en cas que lesdictes
maisons soient moings vendues, tant sur les biens de ladicte

(1) *Interrogatoires*, f⁰ 324 v⁰. Il y avait 1,875 livres pour Leonora et 776
pour la Reine mère. Il fut alloué 1,800 livres.

(2) *Ibid.*, f⁰ˢ 341 et suivants.

Galigai que contre le dict Martin; demande des relligieux, prieur
et convent du monastaire des Feuillans de la ville de Rouen;
contract de fondation dudict monastaire faicte par ledict feu
Concini du dernier febvrier XVIe XVII; demande dudict
Lofficial, estat et parties des fournitures faictes par ledict
Lofficial pour ledict Concini et pour son filz, certiffiées par le
filz dudict Concini et par ses valetz de chambre; requeste dudict
Cenamy, certifficat du sieur Spiny et de Thomas Francini, que
ledict Cenamy auroit fait apporter de Soissons la quantité de
cinq cens bottes de bouis qui ont esté plantés au jardin du chasteau de Lesigny, du dernier may XVIe dix sept; demande
dudict Voudry, executoire de ladicte cour de parlemant obtenue
par ledict Voudry allencontre de ladicte Galigai pour la somme
de mil quarante deux livres VII s. pour despens, frais et mises
ordinaires des criées de la terre de Lesigny; demande dudict
Baudoing, parties des fournitures de menuiserie par luy
faictes au logis de ladicte Galigai arrestées par ledict d'Aicq,
maistre d'hostel dudict feu Concini le IIe aoust XVIe quinze;
estat contenant par le menu les demandes dudict Vannelly; compte de Nicolas Michely, d'Anvers, de unze boues-
tes de diamans acheptés par l'ordonnance dudict Vannelly
en l'année XVIe XVII, signé dudict Michely; autre compte
présenté par le dict Vannelly audict Conciny pour raison desdicts diamans non signé ny arresté; quictance de
François Sacardy de la somme de XXXVI livres tournois
pour la conduicte d'un carosse à Bruxelles du VIIIe febvrier XVIe XVII; acte contenant l'attestation faicte par ledict
Galigai pour raison desdicts diamans du IIIIe juillet audict an;
registre et papier journal dudict Vannelly faisant mention
desdicts diamans pour le compte dudict Concini par lui representé par devant lesdicts commissaires, et remis entre ses
mains; requeste et demande dudict Bimbix; extrait du procès
verbal des confrontations faictes à ladite Galigai par les commissaires depputés par ladicte cour de parlemant, contenant sa
declaration et recognoissance qu'elle est debitrice envers ledict
Bimbix d'une paire de braceletz dont il n'a point esté fait
de pris (1); requeste dudict Desvieux dit Mercure; parties

---

(1) *Interrogatoires*, f° 233 v°. Il s'agissait d'une parure de bracelets d'or
et rubis.

dès fournitures par luy pretendues faictes pour ladicte Galigai
pendant les années XVI° unze et XVI° douze non signées
ny arrestées; demande dudict Chantefin, mary de Marcelle
Martiguiere; attestation faicte par ledict Bernard docteur en
theologie de la recognoissance faicte par ladicte Galigai des
services qui luy ont esté rendus par ladicte Martiguiere;
demande dudict Portes, chappellain, pour ses gages de deux
années; demande et requeste desdicts Descomans et Laplanche,
promesse de la somme de cinq mil livres faicte par lesdicts
Descomans et Laplanche au proffit d'Anthoine Mesnilliers
du XXV° may XVI° unze; certifficat du sieur de Sancerre
dudict jour et an, que lesdicts Descomans et Laplanche ont faict
present à ladicte Galigai d'une tanture de tapisserie de l'histoire
de Salaumon, à la charge qu'elle les feroit paier de la somme de
neuf mil escus pour arrerages de la pention à eux octroyée par
le Roy, et à faulte de ce, qu'elle leur paieroit ladicte tapisserie au
pris qu'elle leur couste, au pied duquel certifficat est la quictance
dudict Mesnilliers de la somme de IIII^m VI° lb., pour le pris de
ladicte tapisserie, dudict jour XXV° may XVI° unze; sentence
du prevost de Paris allencontre desdicts Descomans et Laplanche,
au proffit de Pierre Langlois, marchant cessionnaire dudict
Mesnilliers des dernier janvier et XII° mars XVI° douze; extrait
de l'interrogatoire faict à ladicte Galigai le IX° juin 1617, contenant la recognoissance par elle faicte qu'elle auroit receu
ladicte tapisserie desdicts Descomans et Laplanche et qu'elle ne
vault que mil escus au plus (1); demande dudict Laprairie,

(1) *Ibid.*, f° 235 v°. Léonora avouait avoir reçu la tapisserie pour
prix de la recommandation qu'on lui demandait. Elle avait, disait-elle,
fait la démarche, mais ignorait le résultat. On verra plus loin que
Mesnilliers reçut 3,500 livres. Il résulte d'un autre interrogatoire (f° 338)
que Mesnillier et un autre tapissier nommé Marcellin prétendaient avoir
été forcés de donner une seconde tapisserie dans des circonstances assez
curieuses. Ils avaient, disaient-ils, présenté au Roi et à la Reine plusieurs
belles pièces achetées par eux à Louvain, mais quand il s'agit de les en-
lever, la maréchale ne les y aurait autorisés qu'en se faisant donner une
tapisserie représentant l'histoire de Saint Paul. Elle reconnut avoir
en effet l'histoire de Saint Paul, mais nia qu'elle provint de Mesnilliers
et affirma l'avoir achetée. Pourtant un de ses familiers, André de Lizza,
abbé de Livry, parlant dans son interrogatoire (f° 406) des tapisseries de
la maréchale, cite l'histoire de Lucrèce ayant coûté 6,000 écus, l'histoire

compte fait avec luy, pour l'entretenement des pages, depuis le dernier septembre jusques au dernier decembre XVIe quinze, arresté entre ledict de la Prairie et le sieur Almeras le XXVIIIe dudict mois et an ; autre compte fait avec ledict Laprairie pour l'entretenement desdicts pages pendant l'année XVIe seize, quictance de la somme de deux mil trente-six livres, fournie et advancée audict de la Prairie pour l'entretenement desdicts pages du IIIe janvier XVIe XVII ; demande dudict Almeras ; estat des fournitures faictes par ledict Almeras pour ledict Concini ; lettres missives dudict Concini audict Almeras par lesquelles il luy mande de faire faire en diligence vingt-cinq enseignes de gens de pied et six cornettes de cavallerie des XIIIe et XIXe mars XVIe XVII ; quatre quictances des œuvriers qui ont fourny lesdictes enseignes et cornettes, montans ensemblément à la somme de II^m V^c lb. XVIII s. du XXVe mars audict an ; quictance de Jacques Vivyen sergent à cheval au chastelet de Paris de la somme de mil soixante et dix huit livres pour la saisye, establissement de commissaire et cryées de la terre et seigneurie de Rochefort (1) du XVIIIe dudict mois et an ; requestes et demande desdicts Curault et Lofficial ; placet par eux presenté à Sa dicte Majesté pour estre paiés sur les biens dudict feu Concini, de quatre mil six cens soixante pistolles qu'ils pretendent luy avoir presté sur les bagues et joyaux qu'on a retiré des mains desdicts Curault et Lofficial par ordonnance du prevost de Paris, ou son lieutenant civil, et de la somme de six mil livres pour leurs gages ; ledict placet renvoyé aux commissaires deputés par Sa Majesté pour la veriffication des debtes dudict feu Concini pour en ordonnner ce qu'ilz verront estre à faire par raison ; certifficat du XVIIe aoust XVIe XVII que ledict Concini a pris à poste dudict Curault, son valet de chambre, seize cens pistolles desquelles il luy est debiteur ; requeste et demande dudict de la Bauve, estat du toisé fait par Jean Fontaine, maistre des œuvres de charpenterie, en presence du sieur Donon, controlleur general des bastimens de Sa dicte Majesté, des œuvres de charpenterie faictes et livrées par ledict de la Bauve en la maison dudict

de Jacob 2,500, et l'histoire de Saint Paul qui provenait d'un don. Il ne paraît pas cependant qu'on ait admis la prétention de Mesnilliers.

(1) Je ne sais pas quelle était cette terre de Rochefort.

Concini, scize au faulxbourg Saint-Germain des Prés, le XXIIII° may XVI° dix, au pied duquel est le certifficat de M° Claude Brosse, architecque du Roy, de l'estimation par luy faicte desdicts ouvrages du XI° aoust ensuivant; un petit memoire de ce qui a esté paié audict de la Bauve sur et tant moings desdits œuvrages; declaration faicte par ladicte Galigai par devant les commissaires de ladicte cour de parlemant du VIII° juillet XVI° XVII (1); requeste dudict Ysac Dumoulinot; requeste et demande dudict Chartier; requeste dudict Lecomte, estat de ses demandes et pretentions, au pied duquel est une recognoissance du XXIX° octobre 1616, signée Leonora Galigai; declaration faicte par Sebastien Galigai au proffit dudict Lecomte par devant notaires le II° may XVI° XVII; requeste dudict de la Gelée pour la non jouissance des bois taillis de Lesigny, pendant qu'il a esté fermier judiciaire de ladicte terre; interogatoire faict à ladicte Galigai par les commissaires dudict parlemant sur les faicts et articles dudict de la Gelée le XXIX° juin XVI° XVII (2); requeste et demande dudict Corbinelly, trois lettres missives dudict Concini audict Corbinelly des 25° septembre, XXV° octobre et II° decembre XVI° quinze, deux lettres missives de Montaubert audict Corbinelly des XXII° décembre 1615 et XXVII° janvier 1616; estat de la distribution de deniers faicte par ledict Corbinelly au capitaine Maurepas et à ses soldatz estans dans le chasteau de Lesigny pour la garde d'icelluy pendant les mois de novembre et decembre XVI° quinze, janvier, febvrier et mars 1616, au pied duquel sont les quictances dudict capitaine Maurepas, quictance d'un nommé Mossy, chandelier, de la somme de XXXI lb. X s. pour fourniture de scel et chandelle pour lesdicts soldats du XVI° decembre XVI° XV; estat des paiemans faicts par ledict Corbinelly à plusieurs domesticques de ladicte Galigai pour gages de l'année 1616; certifficat des sieurs Mascarany et Lumague des deniers qui ont esté par eux paiés audict Corbinelly pour le comte dudict Concini du X° octobre 1617; requeste et demande dudict Guillin, tailleur; estat des fournitures et parties par luy fournies pour ledict feu Concini et son filz certiffiées par Curault son vallet de chambre le XII° avril 1617; parties des

____

(1) *Interrogatoires,* f° 239 v°.
(2) *Interrogatoires,* f° 339. La Gelée réclamait 3,000 l.; il fut débouté.

estoffes que ledict Guillin auroit levées au logis de Robin et la vefve Briant pour faire les susdictes fournitures, au pied desquelles est le certifficat desdicts Robin et Briant que les estoffes y mentionnées ont esté levées pour le service dudict Concini; autre certifficat des vestemens et habitz fournis par ledict Guillin pour la fille dudict Concini, signé Marguerite Ollive, en datte du V⁰ octobre 1617; requeste et demande de Salaumon de la Font et Claude Aleau, massons, pour les œuvrages de massonnerie par eux faicts en la maison du faubourg St Germin des Prés; procès verbal de visitation, thoisé et estimation faicte desdicts œuvrages par Jean Antissier, masson juré pour le Roy aux œuvres de massonnerie, en presence de Me Salaumon Brosse, architecque du roy, des VI, VII et VIIIᵉˢ juin et XXVIIIᵉ septembre XVIᶜ XVII; demande dudict Scelier pour les œuvrages de charpenterie par luy faicte en la dicte maison; proces verbal de visitation et estimation faicte par Francois Garnichard, maistre charpentier à Paris, des dicts œuvrages de charpenterie, du IXᵉ juin au dict an; demande dudict Guede, serrurier, pour les œuvrages de fer par luy fournis en la dicte maison; proces verbal de visitation et estimation faicte des dicts œuvrages par ledict Brosse le XIIᵉ dudict mois et an; demandes desdicts Claude Chassin, Jean Baudoing et Adrien Ancy, menuisiers, pour les œuvrages de menuiserie par eux faicts en ladicte maison, parties par le menu desdicts œuvrages arrestées et certiffiées par ledict Brosse les XIIᵉ et XVIIᵉ juin XVIᶜ dix sept; quictances des paiemans faictz ausdicts Guède, Chassin, Baudoing et Ancy sur et tanmoings de leurs œuvrages; demande et requeste dudict Claude Benard, certifficat du plan par luy fourny et planté au jardin du chasteau de Lesigny, signé Bevaille et Boutin, jardinier du Luxembourg, du XXIᶜ avril 1616; requeste et demande de Remy Lantonnois, tavernier, certifficat du pain et vin fourny par ledict Lantonnois aux gens dudict feu Concini, signé dudict Moulinot du IIIᶜ aoust XVIᶜ XVII; requeste de Claude David, masson, et consors pour les œuvrages de massonnerie par eux faicts audict chasteau de Lesigny et ferme en deppendante; estat presenté par ledict David contenant par le menu tous les œuvrages par luy faicts audit lieu de Lesigny, les desseings et plans desdicts œuvrages, au dos desquels est la certification du dict Brosse; proces verbal de visitation, thoisé et estimation desdicts œuvrages encommencés

du vivant de ladicte Galigai et continués depuis son deceds ou
qui restent à parachever, faicte par lesdicts Brosse et Antissier les
XIX, XX et XXI° febvrier dernier; autre estat des œuvrages
de massonnerie faicts au dict chasteau de Lesigny depuis l'année XVI° treize jusques en l'année 1616, certiffiée par André de
Lezza (1) et Corbinelly, visités et estimés par ledict Brosse
ledict jour XXI° febvrier dernier, quictances des paiemans faicts
audict David sur et tamoings desdicts œuvrages ; demande dudict Gilles couvreur ; estat par le menu des œuvrages de couverture faicts par ledict Gilles audict chasteau de Lesigny et ferme
en deppendante ; contrat de marché fait entre ledict Gilles et
ladicte Galigai pour lesdicts œuvrages de couverture du XVI°
mars 1613 ; proces verbal et visitation, thoisé et estimation
faicte desdits œuvrages par lesdicts Brosse et Antissier du
XXI° febvrier dernier, quictance des paiemans faicts audict
Gilles sur et tamoings desdits œuvrages du XXV° novembre
1616; demande dudict Lefront plombier; estat du plomb par luy
fourny pour lesdicts bastimens, extrait sur son papier journal ;
demande dudict Guichard, paveur; estat des œuvrages de pavé
neuf et rassis par luy fournis audict chasteau de Lesigny ; autre
proces verbal de visitation, thoisé et estimation faicte desdicts
œuvrages par lesdicts Brosse et Antissier du XX° febvrier
dernier; requeste dudict Fleureau, forgeron de gros fer; estat
du fer par luy fourny pour ledict chasteau de Lesigny, certiffié
par ledict Bevaille ; requeste dudict Trouvé, cy devant domesticque dudict feu Concini ; requeste dudict Gaboury, tapissier;
estat des fournitures par luy faictes à ladicte Galigai, extrait
sur son papier journal ; estat des frais par luy faicts par le
commandement du Sr du Halier, capitaine des gardes de Sa
Majesté, lorsque ladicte Galigai fut arrestée prisonniere au
chasteau du Louvre; certifficat dudict Sr du Hallier pour raison
desdicts frais ; requeste et demande dudict Charlot, promesse
de la somme de II^m III° X lb. du XXV° juillet 1615, au proffit du
dict Charlot, signée Concino Concini ; requeste dudict S^r de
Riberpré, promesse faicte à son proffit par ledict Concini de la
somme de III^m lb. du XII° juillet XVI° quatorze ; demande dudict
d'Aicq à cause de la despence par luy faicte pour ledict feu

______

(1) Nous avons parlé un peu plus haut de ce personnage. D'après son
interrogatoire, il était spécialement chargé du bâtiment de Lésigny.

Concini ; les registres dudict d'Aicq pour les années 1614, 1615, 1616 et jusques au XXIIIIe d'avril XVI^c dix sept, pour la vériffication de la dicte despence ; requeste et demande dudict Langueras ; le placet par luy présenté au Roy le Xe may XVI^c XVII, renvoyé par devant les commissaires depputés pour la veriffication desdictes debtes pour luy pourvoir, signé de Lomenie ; extrait du livre et papier journal dudict Langueras, fait par devant notaires le XIIIIe juillet audict an ; les demandes faictes par ladicte Boussac, La Voie et Descovadro pour gages, avec les certiffications des dicts d'Aicq et Corbinelly ; demande dudict des Assis, avec les certiffications des domesticques de ladicte Galigai ; demande dudict Bachelier, precepteur du filz dudict Concini ; demande dudict Montaubert, tant pour six années de ses gages, que pour ses nouriture, frais, voiages et autres despences et pertes qu'il a souffertes en ses meubles et debtention de sa personne ; requeste dudict de la Plasse aux fins d'estre paié de sept années de ses gages, à raison de III^c lb. par an et des dommages et intéréiz par luy souffertz lors du pillage du petit logis, proche du Louvre, ou estoient ses meubles, papiers et argent ; la demande de ladicte Bourcier pour avoir continuellement assistée ladicte feue Galigai en ses grossesses et couches ; requeste dudict Spiny ; estat des sommes de deniers qu'il dit avoir paiées, fournies et advancées pour lesdicts Conchini et sa femme, tant en la maison et chasteau de Lesigny, maison du fauxbourg de St Germain des Prés qu'en achapt d'armes par le commandement desdicts deffuncts ; plusieurs roolles et memoires des despences par luy pretendues advancées, avec plusieurs certifficats de Sebastien Galigai, frere de ladicte deffuncte, de Corbinelly, des bailly et procureur fiscal de Lesigny et de plusieurs marchans de ceste ville de Paris, d'achapts d'armes et autres meubles que ledict Spiny dit avoir livrés audicts Conchini et sa femme ; demande dudict Boutin pour plusieurs œuvrages de son mestier faicts aux jardins de Lesigny et faubourg St Germain des Prés es années XVI^c treize, quatorze, quinze et seize, et pour quatre années de ses gages ; demande desdicts Trehet et Delacroix, bailly et procureur fiscal de Lesigny, celle dudict Bertin, lieutenant general à Perronne, de la somme de III^c IIII^{xx} XVI lb. qu'il pretend avoir fournis par le commandemant dudict feu Conchini au sieur de Reneville, suivant la lettre missive escrite de la main dudict Concini du mois de septembre 1615, endos-

sée du receu de ladicte somme par ledict Reneville, le XXII⁰
dudict mois et an ; demande de la vefve de Prouville affin d'estre
paiée de la somme de III^m lb. deue par ledict feu Concini à feu
Hauteclocque, sur et tamoings de la somme de VIII^m l. parisis
en laquelle ledict Hauteclocque est condamné envers elle pour
reparation de l'assassinat par luy commis en la personne dudict
de Prouville, promesse de III^m LXXIX lb. au profit dudict Haulteclocque, signée Concino Concini du XIX⁰ may XVI⁰ quinze ; les
requestes presentées par lesdicts Regnault, Dorlis, Godin et
consors, vignerons et manœuvriers, aux fins d'estre paiés des
sommes mentionnées en leurs requestes ; autre requeste dudict
Joachin (1) affin d'estre paié du contenu en icelle ; demande
de ladicte Leschassier de la somme de XVI^m V⁰ XII lb. V. s.
VI d. restant de XX^m VIII⁰ IIII^xx IX lb., pour vesselle d'argent vendue audict Concini, estat des parties par elle fournies,
montans à la somme de XX^m VIII⁰ IIII^xx IX lb. V. s. VI d.,
deux promesses des sieurs Chevalier, premier president en la
cour des aydes de Paris et Morand, tresorier de l'espargne, des
XXV⁰ octobre mil VI⁰ seize, de IIII^xx IIII^m lb. chacune, au proffit dudict Concini ; celle dudict sieur Chevallier endossée de la
somme de LXXIII^m VI⁰ X lb. XVI s., et celle dudict Morand de la
somme de LXXIX^m CIIII^xx IX lb. IIII s., mises entre les mains
de ladicte Leschassier par ledict Concini pour se faire paier de
ce qui restoit deub desdictes promesses en deduction de ce qu'il
luy debvoit ; brevet de don et remise faicte au sieur de Blerencourt, gouverneur de Perronne, de la somme de quinze mil
livres qu'il debvoit audict feu Concini, pour reste de la recompence à laquelle il avoit composé pour ledict gouvernement du
XXVI⁰ avril XVI⁰ XVII, signé Louis et plus bas Phelippeaux ;
signiffication dudict brevet faicte à ladicte Leschassier à la
requeste dudict sieur de Blerencourt le II⁰ may audict an, à ce
qu'elle n'ayt à faire aucunes poursuittes contre lesdicts Chevalier et Morand pour raison des sommes portées par lesdictes
promesses par eux faictes au proffit dudict Concini à la priere
dudict de Blerencourt ; requeste dudict de Blerencourt tendante
affin qu'attendu ledict don et remise de ladicte somme de XV^m lb.
il soit deschargé, emsemble lesdicts sieurs Chevalier et Morant
du paiement de ladicte somme de XV^m lb., ladicte requeste signif-

(1) On a dû oublier le nom de Marchand.

fiée par ordonnance desdicts commissaires à ladicte Leschassier,
le XIIII⁰ novembre audict an ; demande desdicts Lefort, Cardon
et consors pour plusieurs œuvrages et reparations faictes au
chasteau et moulins d'Ancre ; estat des œuvrages faicts ausdicts
moulins avec les quictances des œuvriers qui ont travaillé ausdic-
tes reparations paiés par lesdicts Lefort et consors ; demande
dudict de Favolles de vingt cinq mil livres d'une part pour
recompence de sa charge de lieutenant au gouvernement de
Perronne qui luy a esté osté par ledict feu Concini et dont il a
tiré recompence, de dix mil livres d'autre pour plusieurs reparations et fortiffications faictes en ladicte place, et de quatre
mil cinq cens livres d'autre pour les dommages et interestz par
luy souffertz pendant quatre mois qu'il a esté debtenu pri-
sonnier à Rouen par le commandemant dudict Concini ;
lettres de commission du Roy du XIII⁰ mars XVI⁰ unze,
de la charge du lieutenant du marquis d'Ancre au gouvernement de Perronne vacquant par la demission volon-
taire du sieur d'Estoumel, desmission dudict d'Estoumel du
VI⁰ mars audict an faicte au moyen et en faveur de la pention
qui luy a esté accordée par brevet du dernier febvrier audict
an ; arrest du conseil d'estat du XX⁰ juillet XVI⁰ dix sept, par
lequel ledict conseil est d'advis soubz le bon plaisir du roy que
ledict de Favolles se pourvoye sur les biens dudict marechal
d'Ancre ; demande de ladicte dame de Hely de la somme de
trente mil livres pour les dommages et interestz par elle receus
et souffertz par la violance dudict Concini, à cause de la surprise
de son chasteau de Hely, où il mit deux cens hommes de pied et
de cheval en garnison ; un estat et memoire desdicts dommages
et interestz (1) ; autre demande desdicts Lefort, Cardon et
consors pour les œuvrages par eux faicts en la citadelle d'Amiens ; adjudication des œuvrages qui estoient à
faire en ladicte citadelle suivant le devis mentionné en
ladicte adjudication faicte ausdicts Lefort, Cardon et consors,
les II⁰ et V⁰ mars XVI⁰ quatorze par devant notaires en presen-
ces dudict feu Concini et du controlleur des fortiffications de

---

(1) On trouve dans l'*Inventaire des arrêts du Conseil d'État*, à la date
du 26 janvier 1600 (n° 5,767), un arrêt renvoyant aux trésoriers de France
à Amiens, une requête du sʳ de Heilly, qui réclamait une indemnité de
6,000 écus pour la démolition de son hôtel et dépendances dont les maté-
riaux avaient été employés à la construction de la citadelle d'Amiens.

Picardie, par laquelle ledict Concini declare qu'il sera fait paiemant desdits œuvrages aux dessus nommés des deniers que Sa Majesté ordonnera par son estat des fortiffications, et au deffault de ce, qu'il en fera pourvoir d'ailleurs, en sorte qu'ilz seront paiés de leurs œuvrages sans aucune perte; les thoisés desdictes reparations controllés le XVIIe septembre 1615, signés dudict Concini et dudict controlleur; ordonnance dudict Concini et certiffication de Charlot, tresorier des fortiffications, qu'il est deub de reste ausdicts Lefort, Cardon et consors, à cause desdicts œuvrages, la somme de cinq mille trois cens soixante trois livres VII s. VI d.; autre demande desdicts Lefort et consors de la somme de treize mil neuf cens soixante et dix livres, IIII s. VI d. pour autres œuvrages de leur mestier faicts en ladicte cytadelle d'Amiens; trois contractz d'adjudications faictes par devant notaires le XXIIIIe mars XVI^c seize des reparations et autres œuvrages mentionnés en iceux, par lesquels ledict Concini a promis faire faire paiemant ausdicts entrepreneurs par le tresorier des fortiffications des deniers que Sa Majesté ordonnera, mesmes de les faire paier à mesure que l'ouvrage s'advancera de ses deniers, en sorte que l'entrepreneur ne recepvra aucune perte; le thoisé desdits œuvrages fait en présence dudict Concini et de luy signé le cinquième aoust XVI^c seize, controllé par le controlleur des fortiffications; sept mandemans ou ordonnances dudict Concini adressantes au tresorier general des fortiffications de Picardie pour paier ausdicts Cardon et consors ladicte somme de XIII^m IX^c LXX lb et tant de solz pour lesdicts œuvrages; autre demande desdicts Cardon et consors de trois mil trois cens livres pour autres œuvrages par eux faicts en la construction de la porptee ladicte citadelle d'Amiens du costé des champs; un project ou desseing de ladicte porte signé au dos Concino et Aleaume, ingenieur ordinaire du Roy en la province de Picardie; certiffication dudict Aleaume que ladicte porte a esté contruicte par lesdicts Cardon suivant ledict desseing; lettre missive dudict Concini du XVIIIe juillet XVI^c quatorze avec la certiffication du controlleur general des fortiffications du dernier juin XVI^c seize, que lesdicts Cardon et consors ont fait ou construit la massonnerie de la fassade de la porte de derrière de ladicte cytadelle; demande desdicts Carette, Tondu et consors, manœuvriers d'Amiens, pour plusieurs fournitures par eux faictes de leur mestier en ladicte citadelle;

estat des sommes deues à chacun desdicts particulliers, certiffié dudict controlleur, avec l'ordonnance dudict Concini des dernier juin et dernier septembre XVIᶜ quinze; certifficat de Charlot, commis au paiemant des reparations, qu'il est deub audict Baucourt mil soixante et dix huit livres, dont il n'a peu estre paié faulte de fonds; estat et parties des fournitures faictes par ledict Baucourt montans quatre vingtz dix neuf livres, avec l'ordonnance dudict Concini pour estre paié de ladicte somme; deux certiffications dudict Charlot qu'il est deub à Simon Pochonnet deux cens quarante-neuf livres VI s VIII d. d'une part, et huit cens quarante trois livres d'autre dont il n'a peu estre paié faulte de fonds; estat des parties deues à Pierre d'Arly, serrurier, montant à la somme de IIIIˣˣ XV lb XV s., certiffiées dudict controlleur avec l'ordonnance dudict Concini pour paier aux personnes y denom-mées, pour le contenu en leurs parties, bien et deuement controllés, les sommes y mentionnées revenans toutes ensemble, avec celles cy dessus, à la somme de IIIᵐ IIᶜ LXIIII lb. XVII s.; autre demande dudict Cotereau de la somme de huit cens livres pour fournitures à luy faictes et advancées au fort de Dour (1), jusques au dernier mars XVIᶜ seize, signée dudict Concini, avec plusieurs quictances d'ouvriers paiés par ledict Cotereau, montans à ladicte somme de VIIIᶜ lb.; autre demande dudict Cotereau de deux mil cent livres pour ses taxations; commis-sion du feu Roy dernier deceddé du IIIIᶜ janvier XVᶜIIIIˣˣXVIII pour resider à Amiens aux taxations de cinquante escus par mois; plusieurs lettres missives dudict Concini escrites audict Cotereau pour justiffier qu'il a esté incessamment occuppé au travail qui se faisoit en ladicte citadelle; requeste dudict Hebert, tresorier general des fortiffications, tendante affin qu'il soit paié de la somme de trois mil deux cens livres pour les droictz et taxations des sommes cy dessus mentionnées et qui doibvent estre paiées par ses mains; autre demande faicte par ledict Jumel pour estre paié de la somme de trois mil huit cens quatre vingtz seize livres restans de VIᵐ Vᶜ XXXVI lb. par luy advancés de ses deniers en la province de Normandie; estat de la dicte despence du XXVIIᵉ mars XVIᶜ XVII, signé dudict Concini, montant à ladicte somme de VIᵐ Vᶜ XXXVI lb. au

(1) Daours, v. p. 39.

bas duquel estat est l'ordonnance adressante au tresorier general de l'artillerie pour paier audict. Jumel ladicte somme pour les causes contenues en icelle, signée Louis et plus bas de Richelieu, du VIIe avril audict an, enregistrée au controlle general de l'artillerie lesdicts jour et an ; certifficat du garde provincial de l'artillerie en Normandie du VIe avril audict an, que ledict Jumel luy a dellivré les affutz, charrettes, chariotz et pavillons y mentionnés ; requeste dudict Jumel présentée au Roy, sur laquelle auroit esté ordonné qu'il se retireroit par devers les commissaires ordonnés par Sa Majesté pour la veriffication des debtes dudict feu mareschal d'Ancre, pour lui pourvoir ainsy que de raison, du XIIe septembre mil six cens dix sept ; les demandes et requestes desdits Messier, Hélot, Legagneux, Divry, Hincq, Wolf, Lentoine (1), Bertault, Fenot, Alix, Potier, Panneguini, Renard, Comtesse, Lamy, Septabre, Seraudin, Nicque, Rabot, Mesnilliers, Lefebvre, Guede, Esmardelle, Loison, Morel, Deniagu, Grattepaille, Pontron, Attier, Chassin, Mauban, Adimary et Lebossu, les parties des fournitures faittes par chacun des dessusdicts de leur mestier ausdicts Concini et sa femme, extraictes de leurs registres et pappiers journaux affirmées par lesdictes parties en personnes, aucunes des dictes parties arrestées par le maistre d'hostel dudict Concini, les autres certiffiées par leurs serviteurs et domesticques ; interrogatoires de ladicte Galigaï faictz par les commissaires depputés par ladicte cour de parlement, à la requeste desdicts Volf (2), Lamy et Lefebvre, portans la récognoissance du contenu en leurs parties ; autre interrogatoire à elle fait à la requeste dudict Mesnilliers, portant la recognoissance d'une somme de mil livres d'une part, et du contenu en quelques parties par luy fournies, d'autre ; plusieurs certiffications des serviteurs et domesticques desdicts Concini et sa femme du contenu es dictes parties ; lettres de don faict par le Roy audict sieur de Luines, de tous et chacuus les biens tant meubles que immeubles, droictz, noms, raisons et actions qui ont appartenu à ladicte Leonora Galigai, et qui ont esté acquis et adjugés à

(1 Plutôt Lantonnois, v. p. 30, 45, 56.

(2) *Interrogatoires*, f° 219. Il avait fourni pour 346 1. 10 *s* de toile de Hollande à 4 1. 10 *s* l'aune, destinée à faire des draps, 2 douzaines de chemises à 100 sols pièce, 2 autres douzaines à 12 livres, 12 coiffes à passements à 30 sols.

sa dicte Majesté par l'arrest de ladicte cour de parlemant de
Paris du VIIIᵉ juillet XVIᶜ dix sept, pour en jouir et disposer
par ledict Sʳ de Luines, ses hoirs et ayans cause, comme de
leurs propres heritages, sans aucune chose en excepter ny
reserver, fors les foy et hommage, ressort et souveraineté,
excepté aussy les armes (1), bagues et joyaux et meubles dont
sadicte Majesté avoit ja disposé, ensemble les acquits de don,
promesses, debtes actives et sommes de deniers que sa dicte
Majesté auroit ordonnés estre mises es mains du tresorier de son
espargne pour estre employés en ses plus urgens affaires, à la
charge de paier par ledict sieur de Luines, les amandes, debtes
passives et charges en quoy lesdicts biens se trouverront estre
legitimement redevables, en dacte du mois d'aoust XVIᶜ XVII,
lesdictes lettres de don veriffiées en ladicte cour de parlemant de
Paris, chambre des comptes, au bureau des finances de la generalité de Paris, en la chambre du tresor, et au bureau des
finances de Picardie les 22ᵉ aoust, XXVIᵉ et XXVIIIᵉ septembre,
XXIIᵉ novembre et XXIIIᵉ decembre mil six cens dix sept; contract de mariage d'entre lesdicts Concini et Galigai du... (2) par
lequel auroit esté stipullé et accordé qu'il n'y auroit commu-
neaulté entre eulx, et que leurs biens meubles, acquestz et
conquestz immeubles qui seroient par eux faictz pendant et
conrtant ledict mariage, leurs demeureroient propres ; acte passé
par devant Bricquet et Michel, notaires à Paris, le XIIIIᵉ décembre XVIᶜ neuf, par lequel ledict Concini auctorise ladicte Galigai
sa femme pour faire toutes acquisitions, ventes, eschanges,
obligations, intercessions, quictances, renonciations et autres
dispositions ; lettres de donz de la somme de deux cens mil livres
fait par sadicte Majesté au marquis de Vitry, mareschal de
France, à prandre sur les deniers tant ordinaires qu'extraordinaires de l'espargne, du XIᵉ juillet XVIᶜ dix sept; arrest de la
chambre des compte de Paris du XXIᵉ novembre ensuivant,
par lequel lesdictes lettres auroient esté enterinées, et ordonné

(1) Dans le texte, il y a *canons, armes...*

(2) Blanc au texte. Le contrat avait été passé à Saint-Germain-en-Laye,
le 12 juillet 1601, devant Ferrant, notaire. (Charavay, *Revue des documents
historiques*, 1873, p. 39.) M. Candeliez, dépositaire des minutes de Ferrant
et que je suis heureux de remercier ici de son extrême complaisance, a
bien voulu rechercher cet acte. Mais l'année 1601 manque entièrement
dans ses archives.

que ledict mareschal de Vitry jouiroit de l'effect et contenu en
icelles pour la somme de cent mil livres, sur les deniers provenans de la vente des meubles et autres deniers deubs ausdicts
deffunctz Concini et Galigaï, et dont seroit fait recette par le
tresorier de l'espargne ; lettres de jussion pour la veriffication
des cent mil livres restans du cinquieme decembre ensuivant,
autre arrest de ladicte chambre du XIe desdicts mois et an,
par lequel auroit esté ordonné que l'arrest du XXIe novembre
dernier tiendroit ; autres lettres de jussion du XIIIe dudict mois
de decembre audict an ; autre arrest de la dicte chambre des
comptes du XXe dudict mois et an, par lequel, en enterinant
lesdictes lettres, a esté ordonné que ledict mareschal de Vitry
jouira de l'effet et contenu en icelles pour la somme de cent
mil livres, restans des deux cens mil livres à luy donnés par
lesdictes lettres du XIe juillet dernier, à prandre sur les deniers
provenans de la vente des meubles et autres deniers deubs
ausdicts deffuncts Concini et Galigaï, sa femme, et non autres (1) ;
après que Me Anthoine Arnault (2), advocat et conseil dudict
sieur de Luines, a eu communication des demandes desdicts
creantiers et de leurs pieces justifficatives par les mains desdicts
commissaires suivant leur ordonnance, et que lesdicts creantiers
ont esté ouis par leurs bouches, ont representé leurs registres et
papiers journaux, et deduit leurs moiens par devant les dictz
commissaires qui se seroient assemblés par plusieurs et diverses
fois pour procedder à la veriffication desdictes debtes, ouy le
rapport fait audict conseil de ladicte veriffication par les
sieurs Aubery conseillers au conseil d'Estat de sa Majesté et
maistres des requestes ordinaires de son hostel, commissaires
depputés en ceste partie et tout consideré ;

(1) Il serait curieux de savoir pourquoi la Chambre des comptes voulut
d'abord réduire de moitié la libéralité du Roi. C'était probablement par
un simple motif d'économie, car il est difficile de supposer que l'on fut
capable alors de comprendre ce sentiment un peu raffiné qui nous fait
regarder comme choquant de payer le bourreau sur les biens de la victime. Cela, au contraire, était regardé comme très naturel.

(2) Antoine Arnauld, célèbre avocat, souche de tous les Arnauld, avait
été aussi le conseil de Concini, ce qui lui fut amèrement reproché dans
les pamphlets du temps. On peut voir notamment au n° 501 du *Fonds
Dupuy* (Biblioth. nation., Mss), parmi plusieurs harangues satiriques
dirigées contre les Concini (f°s 5 à 26), la deuxième qui s'attaque tout
spécialement aux frères Arnauld.

Le Roy en son conseil, faisant droit sur toutes lesdictes instances et demandes, a ordonné et ordonne que sur les deniers et biens tant meubles qu'immeubles qui ont cy devant appartenu audict deffunct Concino Concini, les creantiers cy après nommés seront paiés des sommes qui ensuivent, asscavoir Jean André Lumague, de la somme de six cens livres par luy paiée à Me Pierre Mulart, procureur en ladicte cour de parlemant de Paris et curateur creé à la memoire dudict Concini; Urbin Bouilly, pourvoyeur, de la somme de huit mil livres; Loys Bezay de la somme de deux cens livres; Michel Raguenet de cent cinquante livres; Vincent Lodovici de la somme de mil livres; Pierre de Vailly de dix huit cens livres; François Gobelin de quinze cens livres; Jacques Lofficial de quatre mil cinq cens livres; le sieur Almeras de trois mil livres; Nicolas Roger, de mil livres; Loys Lebel de cinq mil livres; Henry Guillin de mil livres; Denis Trouvé de quatre vingtz dix livres; le sieur Godeffroy de quinze cens livres; Laurens Vannelly de quatre mil livres; Jean Messier de deux cens quarante livres; Loys Divry de cent trente livres; Jacob Hincq de six cens livres; Philippes Lemoine de deux cens cinquante livres; Charles Potier, de trois cens livres; Jean Rabot, de six cens livres; Anthoine Lefebvre de cent cinquante livres; Rachel Deniagu de deux cens livres; Thomas Lebossu de trente livres; Barthelemy Barbier de cent cinquante livres; Estienne d'Aicq de trois mil livres; Georges Langueras de pareille somme de trois mil livres; Rafael Corbinelly de quinze cens livres; Philippes Legagneux de pareille somme de quinze cens livres; Joachin Marchant de quarante cinq livres; le sieur Charlot de dix huit cents livres; le sieur de Reberpré de deux mil quatre cens livres; Nicolas Calot (1) de quinze cens livres; la dame de Prouville, subrogée au lieu et place dudict Haulteclocque, de deux mil livres; et pour le regard de dame Jacqueline Leschassier, vefve de feu Lambert Hotman, ordonne Sa dicte Majesté que sur lesdicts biens dudict feu Concini, elle sera paiée de la somme de quinze cens douze livres, cinq solz, six deniers; et avant que faire droit sur le surplus de la somme par elle pretendue, montant ledict surplus quinze mil livres, ordonne sadicte Majesté qu'elle se pourverra allencontre desdicts sieurs

(1) Plutôt Tallot, v. p. 30.

Chevalier, premier président en ladicte cour des aides et Morand, tresorier de l'espargne, pour le paiemant du contenu es promesses qui luy ont esté baillées en nantissement par ledict Concini, selon et ainsi qu'elle advisera bon estre, deffences au contraire;

Ordonne pareillemant sadicte Majesté que sur les deniers et autres biens, tant meubles qu'immeubles, qui ont appartenu à ladicte deffuncte Leonora Galigai, (autres toutesfois que les deniers qui se sont trouvés es mains desdicts Lumague et Camus, mentionnés es proces verbaulx des commissaires depputés par Sa dicte Majesté pour la recherche des deniers, meubles, bagues et autres choses appartenans ausdicts Concini et sa femme) les creantiers cy après nommés seront paiés des sommes qui ensuivent, asscavoir ledict Lumague de la somme de trois cens vingt six livres quinze solz pour frais par luy faicts et debourcés par ordonnance desdicts commissaires, en proceddant à l'inventaire des meubles de ladicte Galigai; et pour les frais des exploictz et assignations qu'il auroit fait donner ausdicts creantiers pour apporter leurs tiltres par devant lesdicts commissaires; Joseph Serato, sa femme et son filz de la somme de cinq cens livres; Cicille Oldonne et Ambroise Bevaille, son filz, de la somme de quinze cens livres; Gabriel Voudry de mil quarante deux livres huit solz; Jean Baudoing de cinq cens livres d'une part et trois cens cinquante livres d'autre; Marc Bimbix de deux cens livres; Marcelle Martiguiere de cent cinquante livres; Gilles Portes de pareille somme de cent cinquante; Pierre Robin et la vefve Briant de dix huit cens livres; Loys de la Haye de deux mil livres; Jean Baron de six mil livres; Gilles Alix de huit cens livres; Daniel Lefront, cent vingt cinq livres; Michel Fleureau de cent cinquante livres; Marc Descomans et François de la Planche de trois mil cinq cens livres; Nicolas Roger de cinq mil livres, outre les mil livres cy dessus adjugés sur les biens dudict feu Concini; Claude Aleau, Salaumon de la Font et consors, de la somme de quatre mil quatre cens cinquante livres; Pierre Scelier de deux cens cinquante livres; Noel Guede de quatorze cens livres; Claude Chassin de trois cens livres; Adrien Ancy de soixante livres; Remy Lantonnoys de trente livres; Jean Gaboury de six vingtz livres; François Guichard de dix huit cens soixante et dix neuf livres, deux solz six deniers; Jacques Gilles de deux mil deux cens neuf livres six solz ; Claude David de la somme de vingt neuf mil huit cens quarante trois livres dix sept solz ; Claude Benard de cent livres ; Anthoine Bertin de trois cens quatre vingtz seize livres ; Daniel Hellot de cent cinquante livres ; Jean Wolf de sept cens cinquante livres ; Gobin Bertault de cent livres ; Anthoine Lamy de quatre cens livres ; Robert Fenot de deux cens livres ; Pierre Renard de six cens cinquante livres ; Laurens Morel de trois cens livres ; Thoussaincts Comtesse de pareille somme de trois cens livres ; Laurens Septabre de deux cens livres ; Claude Nicque de trente livres ; Anthonio Lefebvre de cinquante cinq livres ; Jacques Esmardelle de cent livres ; Nicolas Loison de trois cens livres ; Jean Grattepaille de cent livres ; Antoine Attier de pareille somme de cent livres ; Loys Adimary de la somme de trente livres ; Françoise de Bousac de soixante livres ; Michel Descovadro de six vingtz livres ; Jacques Desassis de deux cens livres ; Bartelemy Serce de trente livres ; Claude de la Voye de soixante et douze livres ; Nicolas Pontron de huit cens livres ; Michel Bachelier de mil livres ; Pierre du Castel de soixante douze livres ; Simon Regnault de trois cens cinquante livres ; Anthoine de Mesnilliers de trois mil livres ; Didier Dorlis de soixante quinze livres ; Pierre Godin et consors de cent livres ; ledict Godin de trente livres ; Lois Gallier de quarante deux livres ; Alexandre Lebourg de soixante livres ; Nicolas de Largiliere de trente une livres ; Nicolas Siraudin et Arcange Beaurepaire de douze cens livres ; Jean Pluyet de vingt livres ; Pierre Trehet de quarante huit livres ; Henry de la Croix de soixante et douze livres ; Jacques Mauban de cent cinquante livres ; Robert Lefort, Pierre Pasturon et consors de six cens livres ; Jean de la Bauve de deux mil livres ; a debboutté et deboutte tous les susdicts creantiers du surplus de leurs pretentions et demandes par eux faictes sur les biens tant dudict Concini que de ladicte Galigai ; et pour le regard de M⁰ Constantin Hedebert, Rodolphe Cenamy, Alexandre Desvieux dit Mercure, le sieur de la Prairie, Honoré Curault et Jean Lofficial, valletz de chambre dudict feu Concini, Ysac Dumoulinot, René Chartier, Pierre de la Gelée, Jean Panneguiny, Jean Desdiguieres dit Laplace, Zanoby Spiny, Christophle Hebert, Anthoine de Montaubert ; dame Marie de Gondy, vefve du feu Sr de Helly, Guillaume Boutin, la dame Bourcier et le

Sr de Favolles, sadicte Majesté les a debouttés et deboutte des demandes par eux faictes sur les biens qui ont appartenu ausdicts Concini et Galigai, sauf audict sieur de Favolles de se retirer par devers Sa Majesté pour luy estre pourveu suivant son bon plaisir sur la recompence de ses services et pertes par luy souffertes; et faisant droict sur la demande des religieux, prieur et convent du monastaire des Feuillians de la ville de Rouen, sa dicte Majesté a cassé et revocqué le contract de fondation dudict convent faicte par ledict Concini; sauf ausdicts relligieux prieur et convent de se retirer par devers sadicte Majesté pour estre pourveu à la fondation et construction de leur maison, ainsi qu'elle verra estre à faire par raison, et cependant et attendant que sadicte Majesté y ait pourveu, ordonné que sur les biens qui ont appartenu audict feu Concini, lesdicts religieux seront paiés de la somme de cinq mil livres; et en ce qui concerne la demande dudict frere Martin François, au nom et comme procureur des peres minismes de la ville de Bourdeaux et dudict Remond Martin, et requeste dudict Jean de la Chaussée, ayant aucunement esgard au contenu en ladicte requeste, et sans avoir esgard audict contrat de vente du XXIIIe novembre mil VIe quinze, sadicte Majesté ordonne que les maisons mentionnées audict contract seront rendues aux creantiers et heritiers dudit Duburcq pour estre les saisies encommencées par lesdicts creantiers continuées ainsi qu'ilz verront estre à faire par raison; et ce faisant a deschargé ledict Martin de l'obligation en laquelle il estoit entré pour lesdicts relligieux et pour ladicte Galigai, envers lesdicts heritiers et creantiers dudict Duburq; et avant que faire droit sur les domages et interestz pretendus par lesdicts heritiers et creantiers allencontre dudict Martin, et sur la guarantie dudict Martin allencontre des biens de ladicte feu Galigai, ordonne sa dicte Majesté que les heritiers et creantiers dudict Duburq seron assignés audict conseil à la diligence dudict Martin pour, les parties ouyes, leur estre pourveu ainsy qu'il appartiendra par raison, et ce pendant fait inhibitions et deffenses audict Martin et ausdicts heritiers et creantiers dudict Duburq de se pourvoir pour raison desdicts dommages et interestz ailleurs qu'audict conseil; et auparavant que faire droit sur la demande de Nicolas Lecomte de la somme de quatorze mil livres pour le contenu en certain estat du XXme octobre XVIe seize, ordonne sadicte

Majesté que les partyes contesteront plus amplement par devant
le rapporteur du procès ; et entant que touche la demande desdicts Robert Lefort et consors, de cinq mil trois cens soixante
et quatorze livres sept solz six deniers d'une part, treize mil
neuf cens soixante et dix livres quatre solz six deniers d'autre
pour les œuvrages par eux fournis en la cytadelle d'Amiens, et
de trois mil trois cens livres par eux pretendus pour la construction de la porte de ladicte citadelle ; la demande de Jean
Carrette, Pierre Tondu, Beaucourt et consors de la somme de
trois mil deux cens soixante quatre livres dix sept solz pour
fournitures par eux faictes chacun de leur mestier en ladicte
citadelle ; celle dudict Cottereau de la somme de huit cens livres
pour fournitures par lui faictes et advancées, et de deux mil cens
livres pour ses taxations ; et celle dudict Jumel commissaire de
l'artillerie de trois mil huit cens quatre vingtz seize livres ; sa
dicte Majesté en a deschargé et descharge les biens et heritages
qui ont appartenu ausdicts Concini et Galigai, et neanmoings
ordonne que lesdicts Lefort, Carrette et leurs consors, et ledict
Cottereau seront paiés par sadicte Majesté, asscavoir lesdicts
Lefort et consors de la somme de dix neuf mil trois cens quarante quatre livres douze solz d'une part et de ce qui se trouvera
leur estre deub pour les œuvrages par eux faictz en la construction de la porte de ladicte citadelle d'autre, iceux œuvrages
de ladicte porte prealablement visités, thoisés et estimés ; lesdicts Carrette, Tondu, Beaucourt et leurs consors de la somme
de trois mil deux cens soixante quatre livres dix sept solz, et
ledict Cottereau de la somme de huit cens livres seulement, pour
lesquelles sommes lesdicts Lefort, Carrette et consors, et ledict
Cottereau seront couchés et emploiés dans l'estat des fortiffications, qui se fera pour la province de Picardie moictié en la
presente année et l'autre moictié en l'année prochaine ; et que
sur les premiers deniers provenans desdictes assignations, lesdicts Carrette, Tondu et consors seront paiés par preference de
la susdicte somme de trois mil deux cens soixante quatre livres
dix sept solz ; ordonne pareillement Sadicte Majesté que ledict
Jumel sera paié de la somme de deux mil livres pour laquelle il
sera emploié dans l'estat general de l'artillerie qui se fera pour
la presente année, sy mieux n'aime ledict Jumel reprandre les
chariotz, charettes, affus et autres munitions d'artilleries par
luy fournies et mentionnées en la certiffication de Larcher,

garde provincial des munitions d'artillerie en Normandie du
VI° avril XVI° dix sept; et faisant droit sur les requestes et
demandes dudict sieur mareschal de Vitry et dudict Lumague,
ordonne sadicte Majesté que sur la somme de deux cens sept
mil livres en laquelle ledict Lumague est trouvé reliquataire et
redevable envers ladicte feue Leonora Galigai par ses registres
et papiers journaux et suivant la veriffication qui en a esté
faicte, ledict Lumague retiendra par ses mains la somme de
douze mil livres, laquelle sadicte Majesté luy a adjugé pour le
pris de trois cens quatre vingtz deux cuirasses mentionnées en
l'arrest dudict conseil du quinziesme juillet XVI° dix sept, qui
ont esté acheptés de ses deniers et envoyés à Quilbœuf, saisis
et arrestés par les officiers de Sa dicte Majesté, et le surplus de
la dicte somme montant cent quatre vingtz quinze mil livres,
ordonne sadicte Majesté que ledict Lumague le paiera es mains
de M° Vincent Bouhier, tresorier de l'espargne, quinzaine après
la signiffication du present arrest faicte à sa personne ou domi-
cille suivant et conformement à l'arrest dudict conseil du
deuxieme septembre mil six cens dix sept, pour estre
ladicte somme employée au paiemant des deux cens mil
livres donnés par sadicte Majesté audict sieur mareschal de
Vitry (1), en fournissant par ledict tresorier de l'espargne
quictance de ladicte somme audict Lumague, lequel Lumague,
en ce faisant, demeurera vallablement deschargé envers sadicte
Majesté et tous autres, nonobstant les saisies faictes sur lesdicts
deniers, desquelles saisies sadicte Majesté a fait plaine et entiere

---

(1) Il existait sur les fonds detenus par Lumague d'autres oppositions
que celles énoncées dans notre arrêt. On en trouve la trace dans un arrêt
du Conseil des finances, rendu aussi le 31 mai 1618, à la requête du maréchal de Vitry (*Bibl. nat., Mss français* 18,193, f° 335). Il résulte de ce
document, que plusieurs créanciers, parmi lesquels se trouve la comtesse
de Soissons, auraient, en vertu de permissions du Prévôt de Paris (la
première du 5 mai et la dernière du 13 octobre 1617), fait saisir entre
les mains de Lumague l'argent appartenant à la maréchale. On n'indique
ni la nature, ni l'importance de leurs créances. Il est probable qu'il y
avait là quelques spéculations que l'on désirait tenir secrètes et qu'il fut
pris des arrangements avec les intéressés. Le fait est qu'ils ne se présen-
tèrent pas devant les commissaires chargés de la vérification des dettes
et qu'il fut donné défaut contre eux. Le Conseil des finances ordonna la
main-levée des oppositions.

main levée; ordonne que les promesses faictes par ledict Lumague ou Paul Mascarany, son associé, pour la somme de deux cens quinze mil tant de livres au proffit de ladicte Leonora Galigai, leur seront rendues et restituées, sy elles sont en nature, lesquelles promesses sadicte Majesté, moiennant le paiemant qui sera fait par ledict Lumague au tresorier de l'espargne de la susdicte somme de cent quatre vingtz quinze mil livres, a declaré et declare nulles et de nul effet et valleur, fait inhibitions et deffenses à toutes personnes d'en faire aucunes poursuites allencontre desdicts Mascarany et Lumague et à tous juges d'en prendre aucune jurisdiction et cognoissance, à peine de nullité, cassation de proceddure et de tous despens, dommages et interestz; et ayant esgard à la requeste desdicts Camus freres, attendu le paiemant par eux fait par advance audict Me Vincent Bouhier, tresorier de l'espargne de la somme de quatre vingtz dix neuf mil sept cens quatre vingtz sept livres, suivant les arrestz dudict conseil des XXVII et XXXes may XVIe dix sept, et des sommes de quatre mil livres d'une part et huict mil livres d'autre, suivant autres arrestz du conseil des XXVIe aoust et XVIe decembre ensuivant, et contrainctes faictes allencontre d'eux en vertu desdicts arrestz, sadicte Majesté a, de rechef, en tant que besoing seroit, deschargé et descharge lesdicts Camus, de la somme de cent cinq mil cent quatre vingtz sept livres, contenue en la promesse par eux faicte au proffit de ladicte Leonora Galigai le XIIe avril XVIe dix sept, leur a fait plaine et entière main levée des saisies faictes à la requeste des susdicts creantiers sur lesdicts deniers, et sur les autres deniers qu'il avoit entre ses mains appartenans audict Concini ; a fait inhibitions et deffences à tous lesdicts creantiers, et tous autres qui se voudroient pretendre creantiers desdicts Concini et Galigai, de faire aucunes poursuictes allencontre desdicts Camus freres pour raison desdicts deniers et à tous juges d'en prendre aucune jurisdiction et cognoissance à peine de nullité, cassation de proceddures, et de tous despens, domages et interestz; ordonne sadicte Majesté que tous les biens, tant meubles qu'immeubles qui ont appartenu à ladicte Leonora Galigai, confisqués au proffit de sadicte Majesté par l'arrest de ladicte cour de parlemant de Paris du huitieme juillet XVIe dix sept, demeureront et appartiendront audict sieur de Luines, suivant les lettres de don à luy faict par sadicte Majesté au mois d'aoust dernier, veriffiées en ladicte cour de parlemant, chambre des comptes de Paris et autres lieux ou besoing a esté; et pour cest effect que les inventaires faictz par le commandement de Sadicte Majesté et ordonnance de son conseil, des meubles et autres biens de ladicte Leonora Galigai, tiltres et papiers contenus en iceux, seront mis es mains dudict sieur de Luines par lesdicts commissaires, et que tous ceux qui se trouveront avoir en leur puissance aucun desdicts biens, ou autres biens qui ne seroient compris ausdicts inventaires, tiltres, papiers et enseignemens des terres, possessions et rentes de ladicte succession, obligations, promesses et toutes autres choses generallement quelzconques deppendantes d'icelle, les remettront es mains dudict sieur de Luines, et en ce faisant, qu'ilz en demeureront vallablement deschargés par ses simples quictances; a fait sadicte Majesté plaine et entiere main levée audict sieur de Luines de toutes les saisies faictes par les susdicts creantiers es mains desdicts Feideau, Sainctot, Lumague et Camus sur les meubles et deniers qui estoient entre leurs mains sans despens desdictes instances.

<table>
<tr><td>1</td><td>2</td><td>3</td><td>4</td></tr>
<tr><td>BRULART</td><td>G. du VAIR</td><td>J. de THUMERY</td><td>AUBERY</td></tr>
</table>

5
AUBERY

Du dernier jour de Mars XVIe dix huit à Paris.

1. Nicolas Brulart, sr de Sillery, chancelier.
2. Guillaume du Vair, garde des sceaux.
3. J. de Thumery, sr de Boissise.
4.
5. Aubery (1).

(1) J'ai conservé la disposition des signatures et des notes telle qu'elle est dans la copie. On remarquera que la note 4 est restée en blanc; la signature est en effet illisible, mais nous avons trouvé cette signature souvent répétée dans le volume des interrogatoires (*500 Colbert*;. c'est celle de Jean Aubery, conseiller du Roi en son Conseil d'État et maître des requêtes. La 5e signature : *Aubery*, est celle de Robert Aubery, aussi maître des requêtes. Comme je l'ai dit page 22, au revers de la dernière page de l'arrêt est écrit le nom de Lumague.

INDEX

Gouffé (Claude), 28.
Grattepaille, vitrier, 32, 52, 57.
Guede, serrurier, 30, 45, 52, 56.
Guichard, paveur, 30, 46, 56.
Guiffrey (M.). 29.
Guillin, tailleur, 29, 44, 55.

Hautecloque, 48, 55.
Hebert, trésorier, 31, 51, 57.
Hedebert, id., 28, 40, 57.
Hellot, marchand forain, 30, 52, 57.
Hely (Heilly), 31, 49, 57.
Herluison (M.), 30.
Hincq, tailleur. 30, 52, 55.
Hotman, orfèvre, 30, 55.
Humières (Jacques d'), 18.

Jeannin, président, 6.
Joachin. *Voyez* Marchand.
Jumel, commissaire de l'artillerie, 31, 51, 59.

La Bauve (de), charpentier, 29, 43, 57.
La Bucquaille. *Voyez* La Prairie.
La Chaussée (de), 40, 58.
La Croix (de), bailli de Lésigny, 32, 47, 57.
La Font (de), maçon, 30, 45, 56.
La Gelée (de), 29, 44, 57.
La Grange (de), syndic des créanciers, 35, 36.
La Haye (de), orfèvre, 27, 38, 56.
Lamy, marchand de soie, 30, 52,57.
Langlois, marchand, 42.
Langueras, orfèvre, 30, 47, 55.
Lantonnois, tavernier, 30, 45, 56.
La Planche (de), fabricant de tapisseries, 29, 42, 56.
La Plasse. *Voyez* Desdiguières.
La Prairie (de), gouverneur des pages, 29, 42, 57.
Larcher, 59.

Largilière (de), laboureur, 32, 57.
La Rivière (de), exempt des gardes, 9.
La Roche, archer, 13.
La Vieuville (hôtel de), 17.
La Voye (de), valet de chambre, 32, 47, 57.
Le Bailleul, maître des requêtes, 8, 34.
Lebel, sieur de Belliveux, 28, 39, 55,
Lebossu, fourbisseur, 32, 52, 55.
Lebourg, laboureur, 32, 57.
Lecomte, agent de la maréchale, 29, 44, 58.
Lefebvre, tapissier, 31, 52.
Lefèbvre, écuyer de cuisine, 31, 55, 57.
Lefort, maçon, 31, 49, 57, 59.
Lefront, plombier, 30, 46, 56.
Legagneux, sellier, 30, 52, 55.
Lemoine, charron, 30, 55.
Lentoine, 52.
Leschassier, orfèvre, 30, 48, 55.
Lésigny (château de), 16, 19, 28, 29, 30, 32, 41, 44, 45, 46, 47, 48, 56, 57.
Lessègues (de), 32.
Lestoille (Louis de), 17.
Lezza (André de), 19, 20, 42, 46.
Lodovici, 27, 38, 55,
Lofficial, valet de chambre, 29, 43, 57.
Lofficial, tailleur, 28, 40, 55.
Loison, menuisier, 31, 52, 57.
Louis XIII, 2, 4, 5, 6, 14.
Lumague, banquier, 10, 19, 20, 21, 22, 23, 24, 25, 27, 32, 33, 34, 35, 36, 37, 40, 44, 55, 56, 60, 62.

Marcellin, tapissier, 42.
Marchand, cocher, 32, 48, 55.
Marolles (abbé de), 18.
Martiguienne (Marcelle), 29, 42, 56.
Martin, procureur des Minimes, 28, 40, 58.

TYPOGRAPHIE

EDMOND MONNOYER

AU MANS (Sarthe)

9 782019 231675